ちくま学芸文庫

須弥山と極楽

仏教の宇宙観

定方 晟

筑摩書房

まえがき

仏教にはさまざまな経典や言葉があるけれど、結局は輪廻《りんね》と解脱《げだつ》の二つの思想に帰するといえよう。従来の仏教の解説書というと、たいていは解脱に関するものであった。しかし、なにから脱するかということがはっきりしなくては、せっかくの解脱の解説も片手おちになる。解脱は輪廻あっての解脱である。輪廻を実感しないでは、解脱の必要性も身に迫ってこない。

輪廻の思想は一般に古いものとして軽視されがちである。しかし、この思想は決してくだらないものではない。むしろ古代人の洞察力の鋭さを感じさせる思想である。仏教は人生を苦ととらえるから、そのような生のくりかえされる輪廻の思想は、当然暗い厭世的な色彩をおびる。仏教宇宙観によれば、われわれも、地球も、太陽も、このような輪廻的存在のひとこまにすぎない。

このような宇宙観のなかには、輪廻的生存から逃れる道の探究も当然ふくまれている。禅定《ぜんじょう》や、のちの時代の念仏などがそれである。仏教者はこうした輪廻的宇宙と解脱への道との両方をそれぞれ吟味し、研究し、やがてそれらを一つの壮大な体系にしたてあげた。

そのような体系を示す書物の一つにインド五世紀の仏僧ヴァスバンドゥの『倶舎《くしゃ》論《ろん》』がある。五世紀の作とはいえ、これは仏教の最も早い段階の世界観を示すものである。この『倶舎論』のなかの「世《せ》(loka)品《ほん》」という一章に、いわゆる仏教宇宙観が示されている。これが須弥《しゅみ》山説《せんせつ》と呼ばれるものであるが、世品という章名が示すように、この宇宙観は宗教の世界に対する世俗の世界の構成を、説明しようとしたものである。本書のはじめの部分は主としてこの章によっている。

しかし、思想は発展し、変化するものである。のちには『倶舎論』には知られない極楽の思想が現われ、地獄に関しても発展した説が生れてくる。本書はこれらの思想にもふれる。

この宇宙観が日本に受けいれられると、日本の各地にこの宇宙観にあやかった名がつけられた。須弥山とか、地獄谷とか、弥陀ヶ原とかである。古い神々の地ですら仏教化された。たとえば、栃木県の霊山「二荒山《ふたら》」(=男体山)は、昔の類似から観音の浄土「補陀洛《ふだらく》山」とされ、同じ「二荒《にこう》」が仏教的な「日光《にっこう》」に書きかえられ(仏教に日光菩薩がある）、湖は中禅寺湖、滝は華厳の滝（華厳経にちなむ名）と名づけられた。

これらは山岳地帯の話であるが、平地には無数の寺や石の地蔵がたてられた。新宿から中央線にのると、高円寺、吉祥寺、国分寺など「寺」のついた駅名がたてつづけに現われるが、それは決して偶然ではない。日本列島全体が仏教的宇宙のミニュアチュールと化した時代のなごりである。

このように一時、日本をおおいつくした仏教文化も、いま退潮をむかえている。「須弥山」や「贍部洲《せんぶしゅう》」はまったく忘れられ、「極楽」はキリスト教の「天国」にとって代られた。仏教宇宙観がこのような現状をむかえたのも、戦後突然にではなく、すでに古い時代から段階を追ってたどってきた一つの傾向の終着点としてであった。

本書は仏教宇宙観を紹介することにより、仏教の解脱の思想が、どのような人生観を前提として築かれたものか、それを示すことを目的としている。しかし、それと同時に、一見過去のもののようにみえ、われわれには無縁となったかの如きこの輪廻や解脱の思想が、現代にも依然として教えるものをもたないかどうか、それについても私なりの考えを述べたつもりである。

最後に、本書を書く機会を提供してくださり、また構成について有益な忠告を与えてくださった学芸第一出版部の守屋龍一氏に深く感謝の意を表わしたい。

一九七三年七月

定方　晟

目次

まえがき……3
1章　人間は宇宙をどう把えたか……13
1　須弥山説の世界　14
2　仏教に説かれたインド亜大陸　22
3　太陽と月　34
2章　仏教の〝地獄と天界〟……43
1　地獄の世界　44
2　天界の構成　57
3　禅定者の世界　65
3章　極大の世界と極微の世界……85

1 三千大千世界 86
2 物質の根源 四大と極微 94

4章 仏教宇宙観の底を流れるもの……105
1 時間と人生 106
2 宇宙の生成と消滅 117
3 業と輪廻 127

5章 西方浄土の思想……139
1 娑婆と極楽 140
2 西方浄土の思想の起原 148

6章 地獄はどう伝えられたか……161
1 エンマの変身 162
2 三途の川 168
3 賽の河原と地蔵菩薩 175

7章　仏教の宇宙観と現代……185
1　実践的宇宙観から神話へ　186
2　仏教の宇宙観が示すもの　192
補注と訂正　204
ちくま学芸文庫版へのあとがき　210
解説　「仏教の面白さ」を伝える名著（佐々木閑）　214

須弥山と極楽——仏教の宇宙観

1章　人間は宇宙をどう把えたか

月天（十二天屛風のうちの）〔京都・教王護国寺〕

1　須弥山《しゅみせん》説の世界

虚空に浮かぶ風輪

あるとき、豊臣秀吉の御前《ごぜん》で、だれが一番大きい歌をよむかという競争が行なわれた。一人の家臣が進みでて歌った。

須弥山に腰うちかけて眺むれば
雲の海原《うなばら》目の下にあり

すると、他の家臣が、私のほうがもっと大きい歌を、といって次のように歌った。

須弥山にかけたる人を手にとりて
ぐっと呑めどものどにさわらず

そこで、秀吉の寵臣で一番の智恵者である曾呂利新左衛門《そろりしんざえもん》がもっと大きい歌を歌う。

須弥山にかけたる人を呑む人を
鼻毛のさきで吹きとばしけり

もはやこれ以上大きい歌をよむものがあらわれず、新左衛門の勝ちが決まった。

ここに出てくる須弥山という山がどんな山であるか、いまの日本ではそれを知る人も多くないだろう。しかし、須弥山の別名が妙高山であるといえば、新潟県の妙高山を思い起すひとは多いにちがいない。須弥山とはどんな山か——その説明をかわきりに、仏教の宇宙観を紹介していこう。そのために小乗仏教の綱要書とされるインド五世紀の作品『倶舎論《くしゃろん》』に従うことにする。

須弥山というのは、仏教宇宙観に出てくる想像的な山である。この宇宙観によると、虚《こ》空《くう》の中に風輪《ふうりん》というものが浮んでいる。形は円盤状で、大きさは周の長さが「無数」(asaṃkhya)、厚さが百六十万由旬《ゆじゅん》ある。一由旬の長さはいろいろ説があってはっきりしないが、一説によれば約七キロメートルである。また「無数」というのは無限ということではなくて、巨大な数の一単位である。したがって、風輪の円周の長さは無数由旬、すなわち10^{59}由旬あるということになる(一一〇ページ参照)。また円周と直径の比は三対一である。

この上に水輪《すいりん》がある。形は同じく円盤状で、大きさは直径が百二十万三千四百五十由旬、厚さが八十万由旬ある。水輪の上に金輪《こんりん》がある。形は円盤状で、大きさは直径百二十万三千四百五十由旬、厚さが三十二万由旬ある。金輪上の表面には山、海、島などが載《の》っている。だから、風輪、水輪、金輪が重なった姿を具体的なイメージで頭にえがきたいと思う人は、たらいを伏せてその上に風呂桶を伏せ、風呂桶の上にバースデー・ケーキをのせた姿を想像すればよいことになろう。

中央にそびえる須弥山

ところで、注意深い読者なら気づかれたであろうが、水輪と金輪の直径は同じである。それもそのはず、この二つはもともと一つの輪（というよりむしろ円盤）を成していたのである。そしてその輪は水輪であったのだが、煮沸された乳汁に表膜ができるように、上部に金輪ができたのである。そして水輪と金輪のさかいめは金輪際《こんりんざい》と呼ばれ、「もう金輪際いたしません」というような表現に使われる。つまり「金輪際」は、「真底《しんそこ》」「徹底的」を意味しているのであって、金輪上の一角にすむわれわれにとっては、金輪際が真の底であるというわけなのである。

さて、金輪の上に九つの山がある。中央にそびえたつのが須弥山である。これをとりまく同心方形の山（山脈というべきか）が七つある。内側から名前をあげていくと、持双《じそう》、持軸《じじく》、檐木《えんぼく》、善見《ぜんけん》、馬耳《めに》、象耳《ぞうに》、尼民達羅《にみんだつら》である。尼民達羅山の外側に四つの洲（島または大陸のこと）がある。須弥山の東の方角にあたる位置に勝身洲《しょうしん》、南の方角に瞻部洲《せんぶ》、西の方角に牛貨洲《ごけ》、北の方角に倶盧洲《くる》がある。そして金輪上の最外辺に立つ環状の山脈が鉄囲山《てっちせん》である。これが鉄囲山と呼ばれるのは、鉄でできているからで、他の七つの山脈は金ででき、中央の須弥山は四宝《しほう》、すなわち金、銀、瑠璃《るり》、玻璨《はり》からできている。これらの山や島は満々とたたえられた水の中につかっている。以上を俯瞰図で表わせば、第1図のようなものになるだろう。［補注1］

ここで、一つ注意すべきことがある。従来の須弥山図の多くは、七つの山脈を円で表わしているが、『倶舎論』に従えば、それは四角でなければならない。というのは、そうでなければ『倶舎論』の次の句が理解できないからである。「七海中の最初の海（須弥山と持双山の間の海）の広さ（＝巾）は、八万由旬である。横は〔八万の〕三倍であり、持双山の海岸〔を成す四辺の一つ〕で測って二十四万由旬である」（第2図参照）。

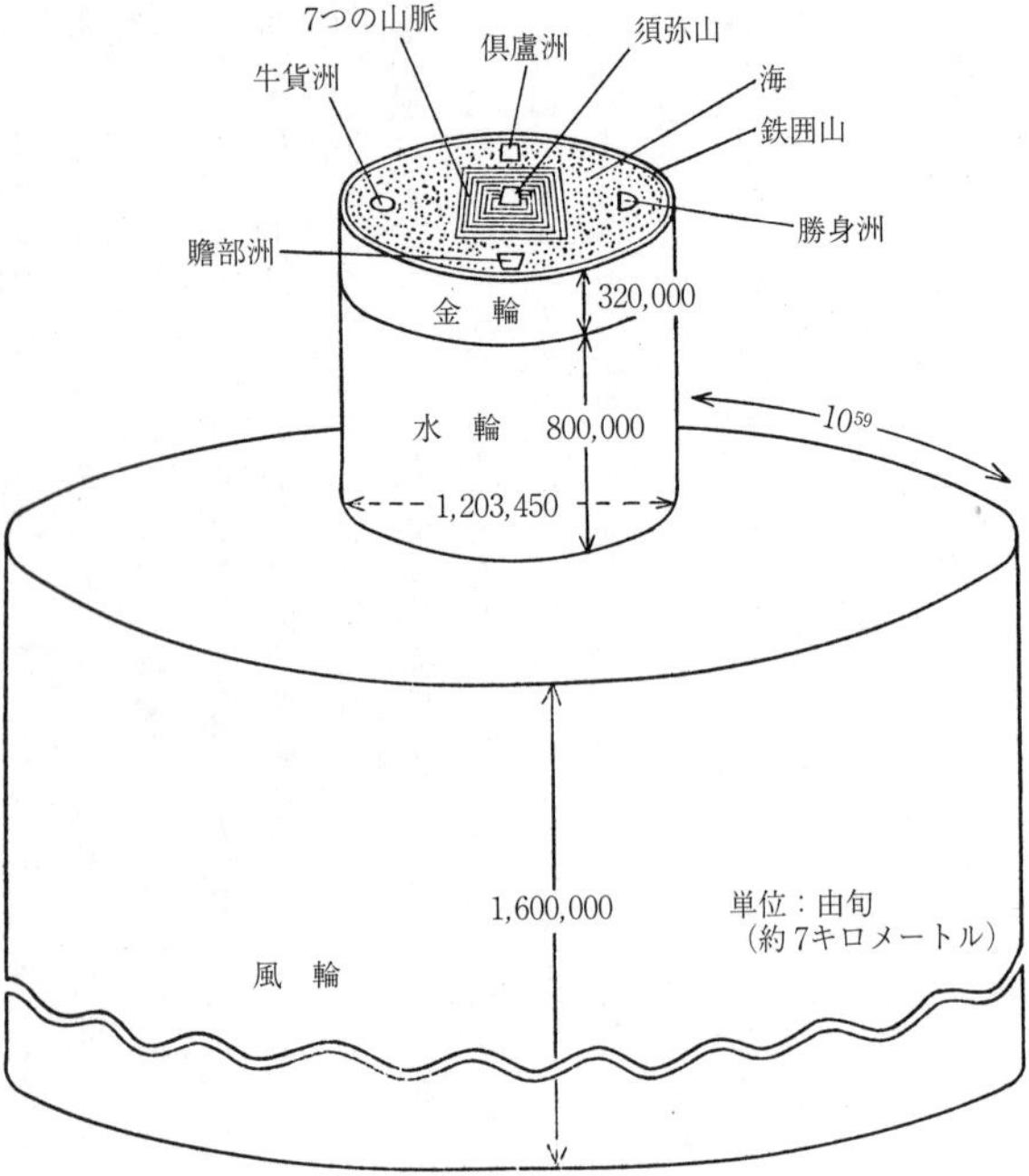

第１図　須弥山世界の俯瞰図

高さは五十六万キロメートル

　ところで、まだ須弥山の大きさについて述べていない。秀吉の御前で歌われた須弥山とは、どのくらい大きな山なのか。こんどは金輪の上層部を側面から見てみよう。金輪上にたたえられた水は、厚さ八万由旬の層をなしている。八万由旬といえば約五十六万キロメートルだから、われわれの知る最深の海、マリアナ海溝の約一万メートルをはるかに越える深さである。須弥山の高さは十六万由旬であって、その下半分の八万由旬が水に没し、上半分の八万由旬が水の上にそびえたっている。これを取りまく八つの山脈は、水面上の部分について、高さが順次、内側から半減していく。

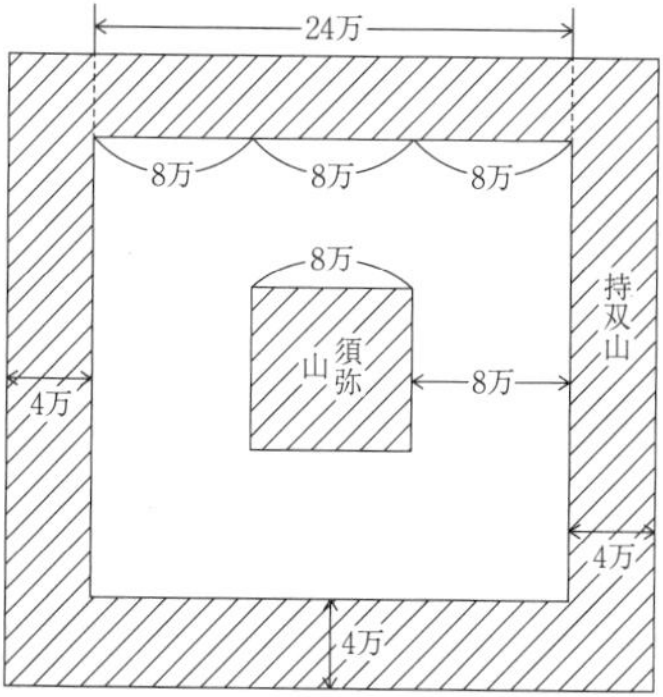

第２図　四角だった須弥山（単位：由旬）

　それだけならば金輪上の地勢の有様はわりあい把握しやすいのだが、ことはそれほど単純ではない。これに二つの変数がからんでくる。第一は、おのおのの山脈の幅が水面上の高さに等しいということ、つまり幅も半々に減じていくということであり、第二は、海の幅も一番内側の海の幅を八万由旬として、外へ行くに従って半々に減じていくということである。ただし、後者の場合、第七番目の山脈と最外部の山脈（鉄囲山）との間の海の幅は、かなり広くなっている。これを図式化すれば第3図のようになるだろう。〔注〕

　だから、須弥山は高さ約五十六万キロメートル、ヒマラヤ最高峰も遠く及ばぬ高さをもつ山であり、この山に腰かける人を呑むという話は真に偉大なる話であり、その人を鼻毛のさきで吹きとばすという話は、さらに偉大なる話なのである。

　さて、この須弥山の須弥というのはインドの語のsumeru、あるいはśumeruの音訳である。蘇《そ》迷盧《めいろ》という音訳漢字もある。「スメール」や「シュメール」というと、メソポタミア最初の文明国スメールまたはシュメール（Sumer, Shumer）を、私はいつも連想するのだが、どうもこれは偶然の一致らしい。インドの国民叙事詩『マハーバーラタ』に「メール」（Meru）とあるのが、

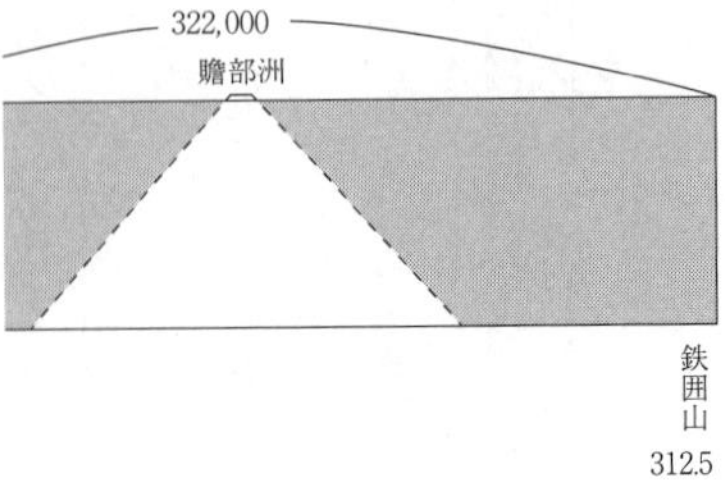

（灰色の部分は海）

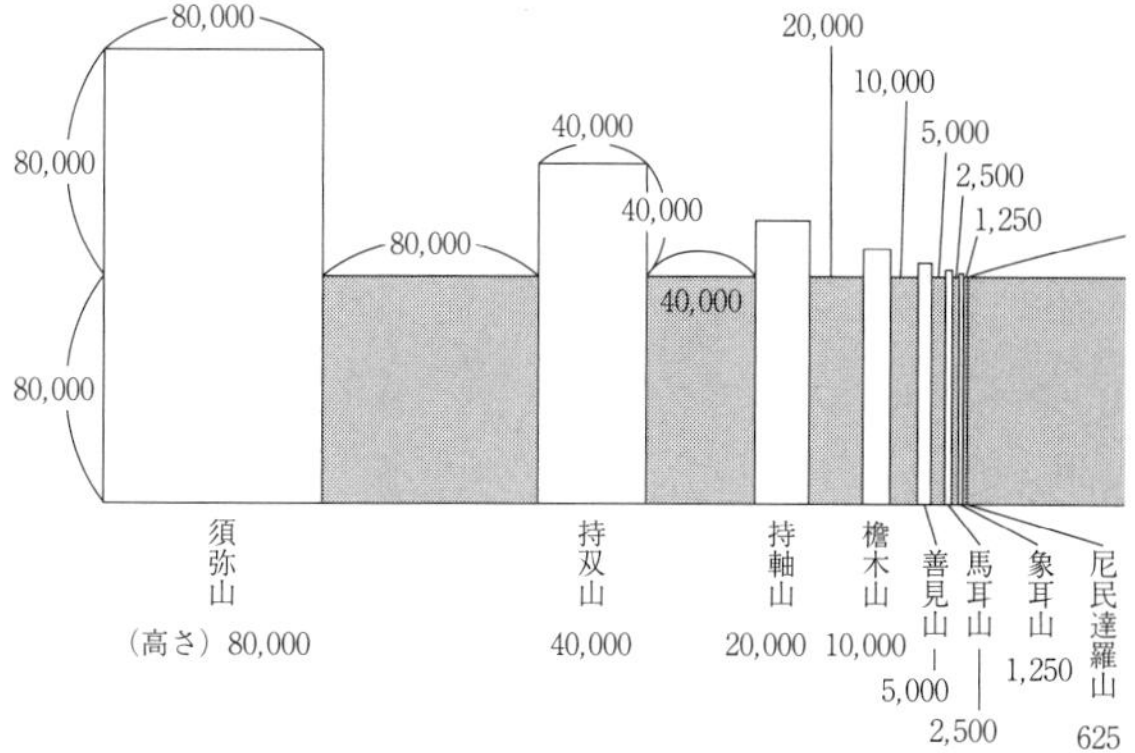

第３図　九つの山脈の幅と海の幅を示した図

〔第3図についての注〕図の数字から計算すると、金輪の直径は百二十万八百七十五由旬となり、はじめにいわれた百二十万三千四百五十由旬（一六ページ）にならない。これについて、ヤショーミトラの注釈書にいくつかの見解が示されている。一つは図の外海の幅を三十二万二千由旬でなく、これにさらに千二百八十七・五由旬を加えた数字に訂正すべきであるという考え、一つは鉄囲山の外に不足分だけの金輪が延びているという考え、一つは山脈の横断面は正確な長方形ではなく、やや台形であるので（つまり、山脈の幅が水面上の高さに等しいといったのはだいたいのところをいったのであり）、山脈の底辺の長さを加えていくと、百二十万八百七十五由旬よりは長くなるのだという考えである。ヤショーミトラ自身の見解は二番目のらしい。どうも直径のはじめにいわれた大きさは1から5までの数字を順に並べようとして一桁ずれを生じたもののようにみえる。

文献上にこの山の現われる早い例であるが、仏教はこれをとり入れたものであろう。そして、「メール」はインド・アーリア語の美称の接頭辞 su- をつけて、「スメール」とも呼ぶ。この意訳は「妙高」である。

「メール」が、はたしてインド・アーリア語であって、「高」を意味したかどうかはっきりしないが、大きな山のことだから、適当に「妙」(su-)の下に、「高」の字をくっつけたものなのであろう。長野県と新潟県の境界に立つ妙高山は、地名辞典によれば、古い呼称の「なか山」からきている。「なか山」を「名香《なか》山」と書いた段階をへて、これを音よみにして「妙高山」と書きかえたものだそうである。妙高山と書きかえられた段階では、明らかに須弥山が意味されたにちがいない。その他、(須)弥《み》山《せん》は厳島と奈良県大峰山にある。

2 仏教に説かれたインド亜大陸

われわれの住む世界＝贍部洲《せんぶしゅう》

さて、金輪上に八つの回廊状の海がある。前述の回廊状の山脈のあいだが、それぞれ海になるのである。内側の七つは淡水の海で、外の大きなのが塩水の海である。この塩海の中に四つの島（洲）が浮んでいることはすでに述べた。ところが、四つの島はみな形を異にしている。東にある島は半月形（弧のほうを外にして浮んでいる）であり、南のが台形（短い底辺を外にしている）であり、西のが円形であり、北のが正方形である。大きさはどうか。まず東の島であるが、実はこれは半月を弦に平行するもう一つの弦で切った恰好になっていて、大きい弦の長さが二千由旬、小さい弦の長さが三百五十由旬、二つの弧（これももしかすると直線かもしれない）の長さがそれぞれ二千由旬である。

　次に南の島であるが、これは台形といっても、ほとんど三角形ともいうべき台形であって、下辺が二千由旬、上辺が三・五由旬、斜辺が各二千由旬である。西の島は直径二千五百由旬の円形、北の島は一辺二千由旬の正方形である。

　さて、南の島、贍部洲《せんぶしゅう》（閻浮《えんぶ》提《だい》とも書く。ともにJambu-dvīpaの訳。dvīpaの意訳が「洲」、音訳が「提」）が、「われわれ」の住む世界である。しかし、この三角形に近い台形の島が、実はインド亜大陸の形にもとづいたものであることは、誰にでもただちに理解されえよう。それはこの島にあるとされる種々の地形から考えても察せられることである。まず、島の北寄りの部分に雪山《せっせん》（Hima-vat）がある。これはヒマラヤ（Himālaya 意味は「雪」himaの「蔵」ālaya）のことである（第4図参照）。

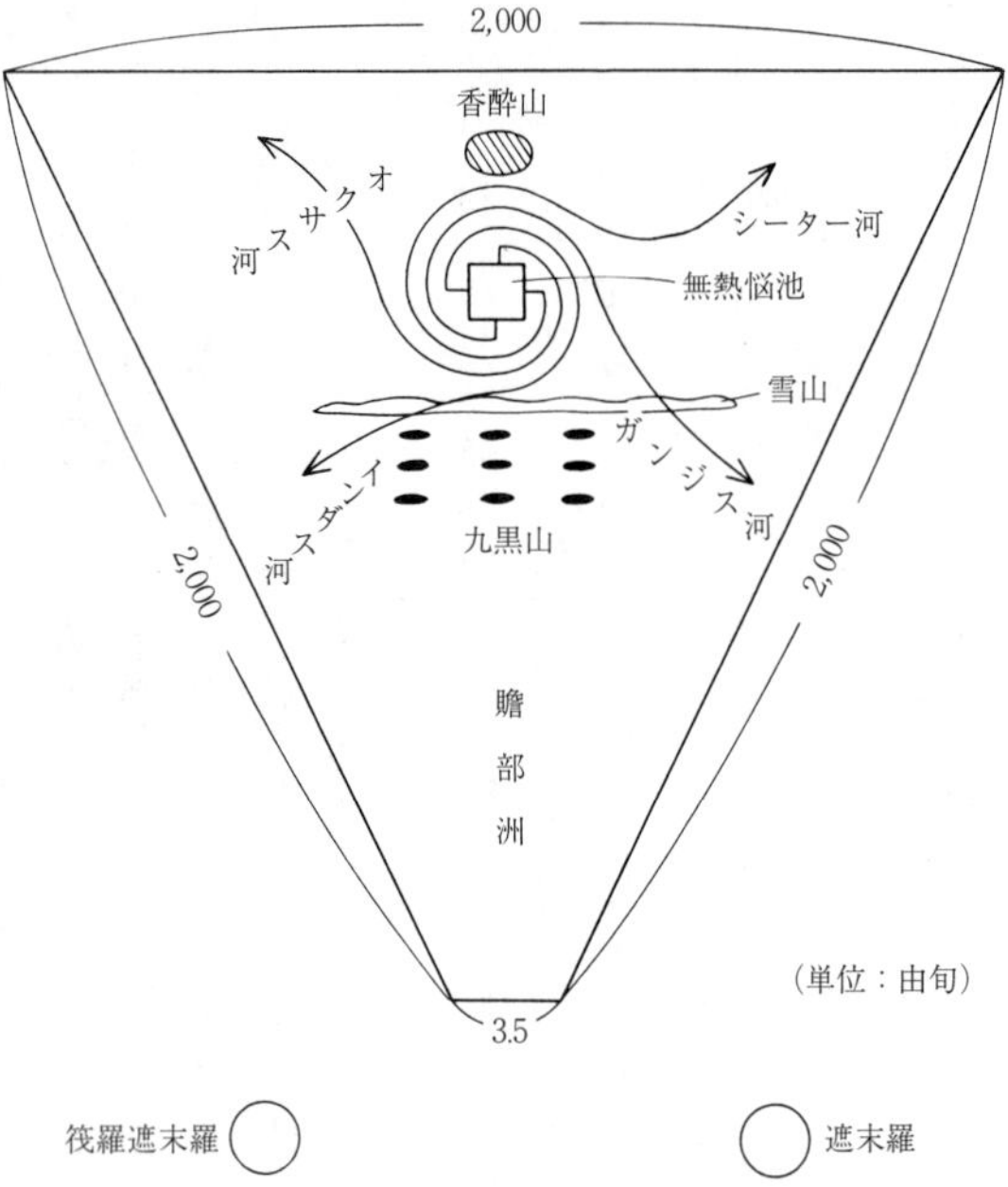

第４図　『倶舎論』に書かれた贍部洲の図解

この雪山の例でもわかるように、贍部洲はインド人の具体的な地理的知識から構成されている。だから、雪山の北に無熱悩池《むねつのうち》があると書かれてあるのをみれば、近世のインド学者は、それはどこかと、ただちに現実の地図の上を探しまわるのである。

手がかりは、この池がガンジス河、インダス河、オクサス河、シーター河の共通の源になっているということである。だが、現在われわれのもつ地図の上では、この四つの河は同一の源泉からは流れ出ていない。しかし、この四つの河のそれぞれの上流を延長すると、それらがほぼ交わる点に一つの大きな湖がある。マナサロワル湖（チベット名　マパム）である（湖面標高四千六百二メートル）。

これは現在チベットに属し、ヒマラヤ山脈の北に位置する。この湖から実際に流れでているのは、四つの河のどれでもなく、インダス河の支流サトレジ河である。しかし、この湖のすぐ近くにヒンズー教徒やラマ教徒の聖山カイラーサ山があり（巡礼地になっている）、われわれの「無熱悩池」もまた神聖視されていることを考えあわせると、マナサロワル湖こそ「無熱悩池」であると推定してよさそうである。また、チベットの伝説によると、昔はチベットには水がたくさんあり、湖も大きかった。それが干《ひ》あがって、各地に小さな湖を残した。もしかすると、昔はマナサロワル湖も大きくて、本当に四つの河の共通の源になっていたかもしれないのである。

東西南北から流れ出る河

さて、湖は一辺の長さ五十由旬の正方形であるが、ここで『大毘婆沙論《だいびばしゃろん》』から次の記事を補っておこう。すなわち、四辺のうちの東の辺に銀《ぎん》牛の口があり、ここからガンジス河が流れ出る。南の辺には金《きん》象の口があり、ここからインダス河が流れ出る。西の辺には瑠璃《るり》馬の口があり、ここからオクサス河（アムダリヤ）が流れ出る。北の辺には玻瓈《はり》師子の口があり、ここからシーター河（ヤルカンド河？）が流れ出る。

そして、面白いことに、四大河は湖を発するとすぐ湖を一周して（右まわりか左まわりかは不明［補注2］）、本格的な流れを始めるのである。流れ口が動物の口の形であるのは、古くはオリエントやギリシアの注水器、下っては西洋の噴水や日本の銭湯などにある、ライオンの口の水吐《みずはき》と同じ伝統に属しているのであろう。

四大河の流れ方は、かなり図式化されてはいるものの、現実の地理にほぼ対応している。湖の東西南北で流れ口の材料および動物が異なるのは、現実のその方角の産物に対応しているのだろう。たとえば、南では金と象がとれる、というように。ところが金は四宝の第一である。金が南に配せられるのは、インド人にとっては望ましいことにちがいない。この宇宙観は外国人である仏教徒によってどのように受けとめられるだろうか。

唐代の名僧である玄奘《げんじょう》は、この図式のほかに、次の図式をも示している。それは贍部洲の四君主についての図式であって、それによれば、南に象主が現われ、西に宝主、北に馬主、東に人主が現われる。すなわち、東には人主が配せられ、さきの図式よりは東の格が一段とあがっている。東の地域は仁義の行なわれる土地であって、明らかに中国をさしている。西の宝主の治める地域とは、イランを含むオリエントであり、人々は財貨を重んじて、礼義を欠く。

北の馬主の治める国の人民は性質があらあらしい。南の象主の治める国は、仏教僧である玄奘にとっては、上等でなければならない。だから彼はいう。礼や法は東の国がすぐれているが、宗教は南の国がすぐれている、と。ついでに付記すれば、玄奘は、さきの四大河の一つシーター河を、黄河の源流とする説を伝えている。シーター河がいったん砂にもぐって、再び黄河になって現われるのだ、と。

砂漠のオアシス＝無熱悩池

無熱悩池に話をもどそう。なぜこれを無熱悩池（Anavatapta）と称するかというと、実はあまりよくわかっていない。ヒマラヤ山系の高地にあって、水は熱くないであろうことは察せられる。炎熱の国インドに住む人にとって、暑熱の苦悩のないのは、理想郷の条件の一つであり、神聖な土地には不可欠の要素と考えられたであろう。中国との国境に近いロシア領内に熱海《ねつかい》（イシック・クル）というのがある。

湖面標高一千六百九メートルのこの湖の周辺の地は、湖の水によって気候が緩和されるのだという。だから、これから類推すれば、その反対の無熱悩というのは、周囲を暖かくしてくれない湖、あるいは、好意的に解釈すれば、暑熱をいやしてくれる湖、ということになろう。のちに、この湖には、同じ名の竜王が住むとされた。

岩本裕《ゆたか》氏は無熱悩池とこれから流出する四河とを、ユダヤ教のエデンの園、およびそこから流出する四河に対比して論じている。それによると、無熱悩池は、その名のとおり、砂漠のオアシスの神話化である。四河は、エデンの園から流れでる、ピソン、ギホン、ヒデッケル（現在のティグリス河）、フラト（現在のユーフラテス河）に対応する。旧約にある「ノアの洪水」と同じ伝説が、インドでも、仏教の成立より古いブラーフマナ文献に見られるから、無熱悩池とエデンの園にも、互いに関連性のあることは十分考えられる、と。

無熱悩池のかたわらに、「贍部《せんぶ》」（jambu）という喬木が生い茂っている。この樹の果実は甘美だそうである。われわれの島が贍部洲と呼ばれるのは、この林の名に基づくのである。

無熱悩池の北に香酔山《こうすいせん》がある。なぜ香酔山と呼ばれるかというと、『起世因本経《きせいんぼんぎょう》』によれば、この山にたくさんの種類の樹があって、さまざまな香を発するからである。ここにはインドラ神に仕えて、音楽を司どる乾闥婆《けんだつば》神（Gandharva）たちが住んでいる。彼らは香り（gandha）を食って生きている。彼らの配下に無数の緊那羅《きんなら》がいて、やはり歌舞音楽にたずさわっている。だから、この山では常に楽の音がきこえている。

この山は現実の山としてはカイラーサ山（チベット名、ティセ）に相当しよう。カイラーサ山の名は、『マハーバーラタ』（インドの大叙事詩。西紀前後、数世紀をかけて成立）の中に出てくる。そこではこの山はシヴァ神のパラダイスとされ、以後、ヒンズー教徒の巡礼が跡を絶たなかった。のちには、チベット人がこの聖山巡礼運動に加わった。ただし、ボン教徒および仏教徒としてである。チベット人の場合、ボン教徒が先にこれを自分の聖山としたらしく、あとからやってきた仏教徒と聖山あらそいをしたらしい。

九つの黒山と二つの島

次に、雪山の南に三つの黒山があり、さらにその南に三つの黒山があり、さらにその南に三つの黒山がある。合計九つのこの黒山は、現実の地理のどこに対応するのだろうか。これらをデカン高原におきたい気もするが、やはりヒマラヤ山系の南麓におくのが妥当らしい。望月仏教大辞典の雪山《せっせん》の項には、「三重の黒山とはおそらく現今のヒマーラヤ山脈中、南方より次第に高く連亙せるサブヒマーラヤ Sub-Himālaya、ローワーヒマーラヤ Lower Himālaya、スノーヒマーラヤ Snow-Himālaya の三大山脈を指せるものなるべし」とある。

ここで、スノーヒマーラヤが黒山の一つに数えられるのは変であるが（というのは、黒山というからには雪のない山でなければならないだろうから）、ともかくヒマラヤ山系の山々をいうらしい。望月辞典にある、ダージリンから見たヒマラヤ連峰の写真は、三重の黒山とその向うの雪をいただく雪山との対比を鮮明に伝えてくれる。

さて、贍部洲には、その南端の両わきに二つの附属の島がある。遮末羅《しゃまつら》（Cāmara）と筏羅《ばつら》遮末羅《しゃまつら》（Avara-cāmara）である。南端の東側の島は、明らかにセイロンに相当する。西側にはラッカディヴ諸島やマルディヴ諸島があるが、セイロンに比べれば、あってなきが如き小さな島の集まりである。だが、インド人は、現実を無視してまで、その対称主義、斉合主義をつらぬく。贍部洲は台形であって、その先端の片側に一つの島（セイロン）があるとすれば、その反対側にも同じような島がなければならないのである。そして、贍部洲に附属の島が二つあるとすれば、他の三つの洲にもそれぞれ二つずつ、附属の島がなければならないのである（それらの島の名は省略する）。

インド人はこのような非現実な宇宙像を、西紀後までも持ちつづけた。ギリシアのプトレマイオス（西紀二世紀）が、地球の球体であることを知り、世界の地図を緯度と経度で表わしたのちもなお、『倶舎論』の作者ヴァスバンドゥ（西紀五世紀）は、この世界観を真面目に論じていた。この世界像は自己中心主義で、われわれの世界「贍部洲」は、インドの形をしているのであった。そして、インド人の世界観の中心には、無意識的につねにヒマラヤが存在し、それは贍部洲においては雪山となり、金輪上では須弥山となっているのである。

南極からきた大陸がアジア大陸に衝突して

ところで、科学の発達した今日では、インド亜大陸がもと南極大陸の近くにあったことが知られている。古代インド人は四洲はそれぞれ東西南北に位置していて、未来永劫《えいごう》に（といっても実は世界が存続するしかるべき劫のあいだ）その位置を変えないと思っていた。しかし、最近の大陸移動説によると、そうではないことがわかった。インド亜大陸は、かつては南極のほうにあって、南極大陸やオーストラリア大陸とくっついていた。そのことは、それぞれの大陸の地磁気の方向の流れや、地質の分布の状況などを調べると、わかるのだそうである。それらの流れや状況に従って、大陸と大陸を合わせると、そのつなぎめの凹凸がうまく一致する。

インド亜大陸のあの三角形は、大昔に南極大陸などから切れて、それこそかたつむりのはうようなゆっくりした速度で移動し、アジア大陸のふちにぶつかり、アジア大

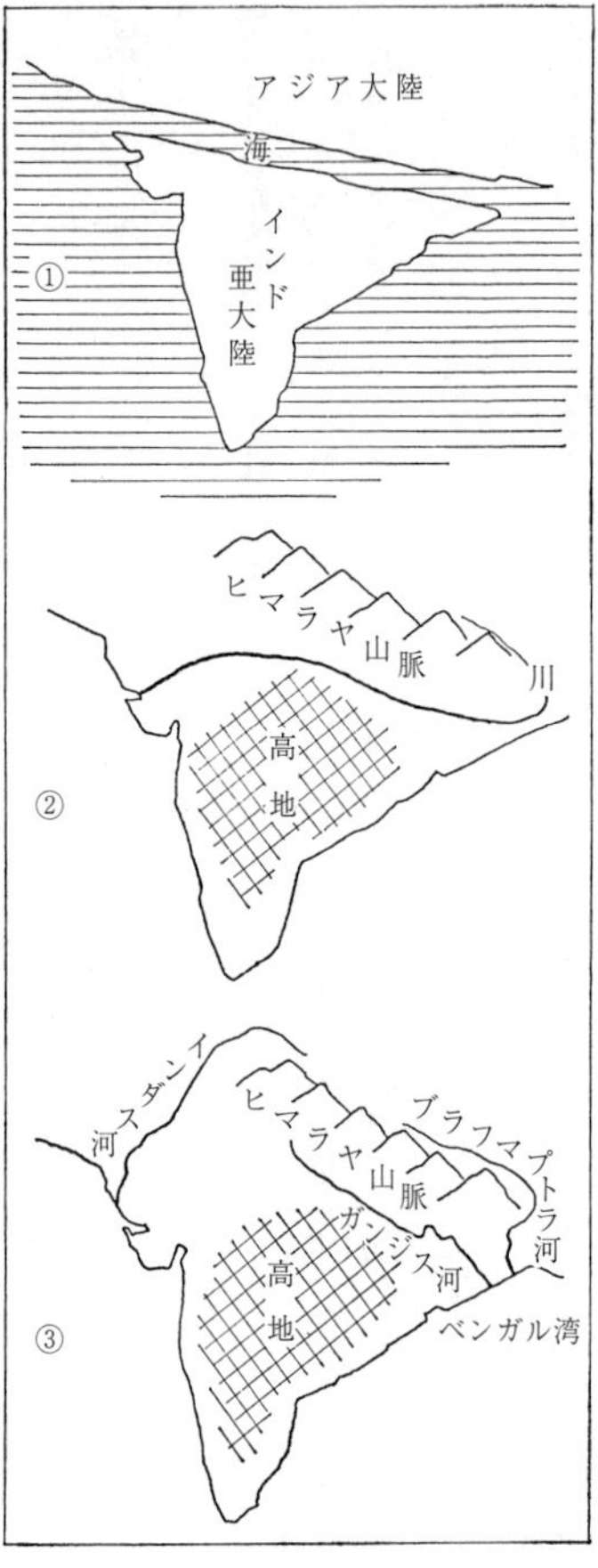

第５図　インド亜大陸の形成推移

陸のふちを押し上げ、ヒマラヤ山脈を作った。二つの大陸の間にはしばらく間隙があって、海の水が入りこんでいた。

だが長い年月のあいだに、ヒマラヤから流れ下る土砂が、ついにそれを埋めた。するとヒマラヤから流れる水が、今度は河をつくった。その河は第5図②のように流れた。すなわち水源から出た水は上流でいまのブラフマプトラ河の流れを、中流ではいまのガンジス河の流れを（いまとは逆の方向）、下流でいまのインダス河のコースを流れたのである。

しかし、やがてベンガル地方に大陥没がおこり、河の水がそこから海へ流れだし、河は二つになってしまった。すなわち、いまのブラフマプトラ河とガンジス河である。後者は当然流れの方向をかえ、水源を別の方角に仰ぐことになった。ガンジス河の変化によって、インダス河もまた別の河となった。しかし、このようなインドの地理の変遷を古代インド人は（そしてわれわれすらつい最近まで）知るよしもなかった。なにしろ、このインド亜大陸の移動は人類の出現する以前、何千万年というまえに完了していたのであり、ベンガル地方の陥没も有史以前のことに属するからである。いまガンジス平原を調査すると、ベナレスの地点で土砂の層が六千メートルも積っていることがわかるそうである。

3　太陽と月

天宮に乗って空をかける

宇宙観に太陽と月の説明は、欠かせないだろう。仏教宇宙観では、これらはどのようにとり扱われているか。位置は？　大きさは？　運動は？

まず、須弥山を中心とし、須弥山の水上に出ている部分の中腹を高度とする、大きな風の輪（浮輪《うきわ》の如きもの）を考えてもらいたい。その輪はちょうど四洲の上空にうかんでいる。この風の輪で、太陽、月、星が支えられ、運ばれるのである。太陽の大きさ（直径）は五十一由旬、月の大きさは五十由旬である。つまり、太陽も月も雪山の北の無熱悩池くらいの大きさである。両天体の大きさの差をみると、おそらくインドの仏教徒は、見かけの大きさの差をそのまま、真の大きさの差と受けとったにちがいない。星の大きさにはいろいろあって、小さいものは一クローシャ（一キロメートル弱）である。

太陽と月は、じかに風の輪の中に浮んでいるのではなくて、天宮（vimāna）なる乗物あるいは容れ物の中に納っている。そして、太陽の場合、天宮の下部の外側が火珠の輪になっており、月の場合、天宮の下部の外側が水珠の輪になっている。だから、太陽はよく照らし、よく熱するのであり、月はよく照らし、よく冷やすのである（月は太陽の光を反射して光っているのだという考えはなかったらしい）。

太陽神や月神が、乗物にのって空を運行するという考えは、世界のいたるところにある。中近東からインドにかけて、四頭だての馬車にのる太陽神の絵や彫刻が残されている。それらよりだいぶ時代が下るが（十三世紀）、東インドのコナラクには、スーリヤ寺院というヒンズー教の寺院（種々の性交態位の彫刻で有名）があって、これが太陽神スーリヤの寺院であり、寺院全体が車輪のついた乗物になっている。だから寺院の本殿は、天宮と同じ vimāna で呼ばれている。

さて、一つの太陽と、一つの月とが、四洲の上をめぐっている。太陽が南の贍部洲の上にあるときは、東の勝身洲は日没で、西の牛貨洲は日出で、北の倶盧《くる》洲は夜中である。この説明によって判断すると、われわれの現代の地球に相当するものは、金輪の面全体（贍部洲だけではなく）ということになるだろうか。贍部洲が日中のとき夜中であるという倶盧洲は、さしずめ南アメリカ大陸であろうか。

第６図　インド亜大陸を通る北回帰線

太陽の運行と月の満ち欠け

一年を通じて昼と夜の長さが、変化するのはなぜであろうか。太陽が贍部洲の上を、南北に移動をくりかえすからである。「太陽が贍部洲の南方の辺に行くとき（daksiṇāyana）、夜の長さが増していき、北方の辺に行くとき（uttarāyana）昼の長さが増していく」。だが、この説明には無理がある。なるほど、太陽が南北に移動をくりかえすのは確かである。しかし、それがただちに昼夜の長さの変化を、説明することにはならない。それを説明するには、大地が球であるという知識をもつことが、不可欠の条件であるが、贍部洲はいかにせん平面上にあるのである。

また、太陽が贍部洲の北方の辺にいくというのも、土地によっては、ただちに疑問視されよう。というのは、インドのほぼ中央を北回帰線が走っている（第6図）。北回帰線の北にあるデリーに住み、少し観察力の鋭い人ならば、決して太陽が自分たち

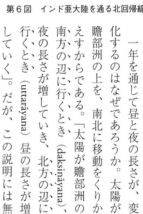

の頭を越えて「贍部洲の北のほうへ行くこと」はないことに気づいただろう。

だが、北回帰線の南、たとえばハイデラバードにいる人ならば、たしかに太陽が自分たちの北へ行く現象を認めることができる。むかし、ギリシア人の駐インド大使であるメガステネース（西紀前三百年ごろ）は、インドのある地域では、ある時期にもの影が南に落ちることを特記した。北回帰線の北でしか生活したことのないギリシア人にとっては、これは珍しい現象であったにちがいない。

次に月の満ち欠けはなぜおこるか。「月の天宮が行きて日の天宮に近づくとき、日の光が此（の月）の天宮に注ぐ。それによりて、その反対側に影が落つる故に、（月）輪は欠けて見ゆ」（山口益、舟橋一哉訳）。つまり、月は太陽の光をうけて、太陽と向いあう側の反対側に、影をつくるというのである。ここでは月の満ち欠けの理由を、太陽の光の照射に結びつけており、科学的といえるだろう。月は円周の軌道（風の輪）のうえを動いている。太陽も同じ軌道のうえを動いている。太陽が月に接近すれば、月の影の面も移動するわけである。

だが、実はこれでもまだ十分な説明にはなっていない。だから、『倶舎論』の作者は、右にあげた説のほかに、「運行の理」による説明をも紹介している。これは注釈によれば、太陽と月の軌道に高低の差があるということらしい。太陽の軌道が月の軌道の上にあるということによって、月の満ち欠けの説明はさらに容易になる。

なぜ月には兎がいるか

　ところで、太陽にも月にも生きもの（「有情《うじょう》」）が住んでいる。それはのちに述べる（六一ページ）四大王の手下たちである。だが、民間伝説によれば、月には兎がいる。『大唐西域記』によってその伝説を紹介すると――

　むかし、ある森に、狐、猿、兎が仲よく住んでいた。そこへ、インドラ神が三匹の心をためそうと思って、老夫に姿をかえて現われた。インドラ神はいった。「みんな元気ですか、仲良くやっていますか」。けものたちは「仲良くやっています」といった。するとインドラ神は「私はあなたがたが情深いという評判をきいてやってきたのですが、いまおなかが減っているのでなにか食べるものをくれませんか」。三匹のけものは、すぐに食物を探しにいった。

　狐は川から鯉をとってきた。猿は木から果物をとってきた。兎だけは手ぶらで帰ってきてうろうろしていた。インドラ神が言った。「あなたがたはまだ心が揃っておりません、修行がたりません。兎だけが何も贈りものをしてくれませんからね」。そのとき兎がいった。「みなさん、たきぎをたくさん集めて下さい。ちょっと私に考えることがありますから」。

狐と猿は走っていって枯草や枯木を集めてきた。兎はそれに火をつけてからインドラ神にいった。「御老人、私には力がなくて食べものをもってきてあげることができません。どうか私のこのからだを食事にあてて下さい」。兎はそういうと、ただちに火の中にとびこみ、焼け死んだ。インドラ神は本来の姿に戻り、たきぎの中から兎のなきがらをとりだし、ためいきをつきながらいった。「なんとやさしい心根《こころね》なんだろう。ここまで思いつめるとは……。この出来ごとを後世に伝えるため、兎を月の中に残そう」。それ以後、月の中には兎がいるようになったのである。

インド＝月（indu）という説

また、同じ『大唐西域記』によれば、月はインドの呼び名ともなっている。たしかに月の一名は indu である。しかし、「インド＝月（indu）」の説は、後世の説であって、インドの呼称は元来月とは無関係らしい。

最初に中国人がインドを知ったとき、中国人はこれを「身毒《しんどく》」とか「天竺《てんじく》」とか呼んだが、どちらも Sindhu, Hindhu, あるいはそれらの訛った発音を音訳したものである。後世、玄奘は、「身毒」も「天竺」も原語の発音を正しく表わしていない、正しい発音は「印度《いんど》」である、といった。これに従ってわれわれは今日「インド」と書くのであって、「インド」は英語でもフランス語でもない。

さて、Sindhu も Hindhu も India も同じである。みな河の「インダス」からきている。ペルシア人やギリシア人がインダス河流域の地をそう呼んだのである。のちに「インド」の範囲は、東方や南方に拡大した。しかし、Sindhu という言葉は、もとは河をさす普通名詞であったようである。E・D・フィリップスによれば、「クバン川三角洲（コーカサス地方にある）の古いシンド人という名前は、サンスクリットのシンダヴァ Sindhava『河の人』であるかもしれない。これらのインド・ヨーロッパ人たちは故地に留まり、彼らの主力は南方へ移動して別の河のほとりに達し、その河をやはりシンドゥ Sindhu と呼び、これがいまのインダス河となったものと考えられる」（勝藤猛訳『草原の騎馬民族国家』四二ページ　創元社）

インド・アーリヤ人がコーカサス方面からやってきたということは読者も承知であろう。

ところで、なぜ後世、「インド」は「月」の意味であるという説がでてきたのだろうか。インドを美化するためである。まえにも言ったように、インドは宗教の国として他の地方をぬきんでている。ところで、われわれの世界は、輪廻転生《りんねてんしょう》の世界、無《む》明《みよう》の長夜《ちようや》が支配する世界である。インドはこの闇の中で放つ光、人を導く月である。ほかに星の光もあるが、とうてい月の明るさには及ばない。そこでインドを美称して「月」（indu）というのである。

2章　仏教の〝地獄と天界〟

太元帥明王〔京都・醍醐寺〕

1　地獄の世界

八段階ある熱地獄

たいていの宗教的宇宙観は、その宇宙のどこかに地獄をもっている。仏教の場合も例外ではない。

「地獄」はインド語「ナラカ」（naraka）の意訳である。仏教が中国に入る前、「地獄」という言葉は中国になかった。ナラカの音訳は捺落迦、奈落《ならく》などである。「奈落の底に沈む思いがした」というときの奈落であり、舞台の床下の「奈落」である。地獄の数、種類、大きさなどについては、さまざまの経典がさまざまの説を述べているが、ここではやはり『倶舎論』を中心に説明していきたい。

まず、八熱地獄がある。この八つの地獄は重なりあって贍部洲《せんぶしゅう》の下に存在する。上からその名を列挙していくと次のとおりである。

(1)等活《とうかつ》　Samjīva
(2)黒縄《こくじょう》　Kālasūtra

(3)衆合《しゆごう》　Saṃghāta
(4)号叫《ごうきよう》　Raurava
(5)大叫《だいきよう》　Mahāraurava
(6)炎熱《えんねつ》　Tāpana
(7)大熱《だいねつ》　Pratāpana
(8)無間《むけん》　Avīci

一番下の無間《むけん》地獄は特に大きくて、一辺二万由旬の立方体をなしている。無間地獄の上面は地表から二万由旬下に、下面は四万由旬下に位置する。無間地獄の上の二万由旬の層の中に、あとの七つの地獄が納まるのだが、具体的にどのように納まっているのかは『倶舎論』に説明がない。そこで『大毘婆沙論《だいびばしやろん》』をみると、八熱地獄の配置に関して、三つの説をあげている。

そのうち、第一の説が『倶舎論』の説の欠を補ってくれる。それによると、無間地獄の上にある二万由旬の層の中で、下部の一万九千由旬が七熱地獄で占められている。残る上部千由旬のうち、下の五百由旬が白墡《はくぜん》(白つち)の層で、上の五百由旬が泥の層である。七熱地獄のそれぞれの大きさは、いずれも一辺一万由旬の正方形である。

しかし、厚さに関しては説明がない。おそらく、一万九千由旬の層をうまく七で割ることができないからだろう。

しかし、第二の説によれば、この不斉合性は避けられる。この説によると、そもそも無間地獄は、第一の説よりさらに二万由旬も深いところに位置する。だから、無間地獄の上に、四万由旬の厚さの層があるわけだが、これを一辺五千由旬の立方体をなす熱地獄が七つと、厚さ千由旬の四種の土層（下から、青土、黄土、赤土、白土）と、厚さ五百由旬の白墡の層と、同じく五百由旬の泥の層とが分けている。この説ならば、数字上のつじつまはあう。

ついでに、第三の説を紹介すると、地獄は垂直に並んでいるのではなく、水平に並んでいるのである。無間地獄を中心に、七つの地獄がその回りに並んでいる。ちょうど、大城郭の回りを集落がとりまいて並んでいるようにである。

休みなくさいなまれる無間地獄

まるで見てきたような、これらの地獄の説明に、疑問をさしはさむ人もいた。贍部洲の広さが、周囲わずか六千三・五由旬というのに、どうして大きな地獄がいくつもその下に入りうるのか、というのである。しかし、学僧たちは決して返事に窮しない。

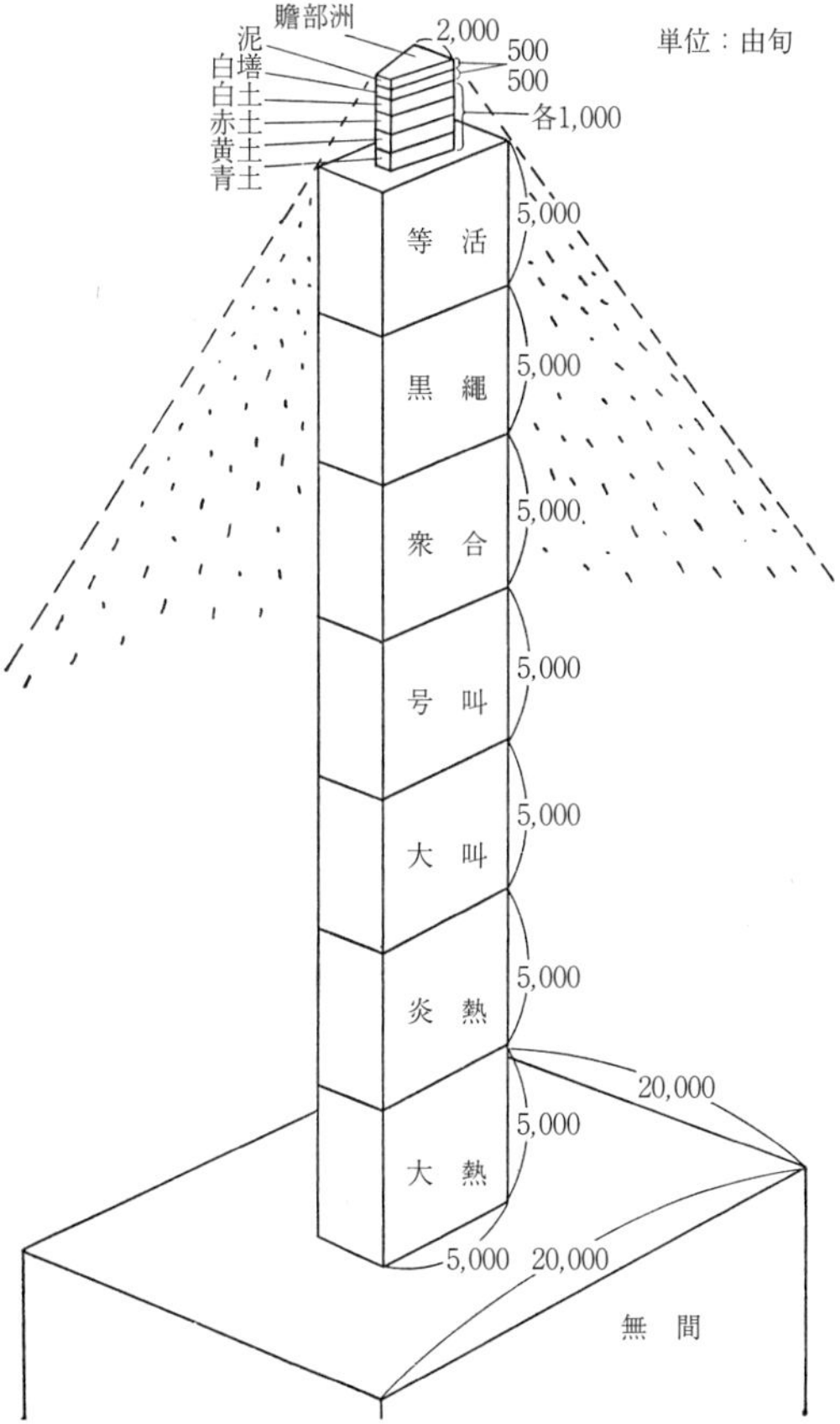

第７図　第２説による八熱地獄の配置

瞻部洲は上が尖って、下が広がっていて、ちょうど穀物を地面にぶちまけた形をしているのだ、と答えるのである（第7図）。

では、八熱地獄のそれぞれで、どのような刑罰が行なわれるのだろうか。各地獄の基本的性格は、その名に示されている。しかし、文献によっては、地獄の性格もはっきりせず、どの地獄でも似たような刑罰が行なわれ、果して下の地獄ほど刑がきついかどうか、疑問に感じさせられることもある。『倶舎論』には詳しい説明がないので、以下はおおよそのところである。

最上層の「等活地獄」というのは、罪人が責めさいなまれて死んで（?）も、再びよみがえって暫《しば》しの生きごこちを味わうことができる地獄であり、この点で、一瞬の休みもなくさいなまれつづける最下層の地獄「無間地獄」と対照をなす。「無間」というのは「苦しみが間断なく」という意味であるが、その原語は「阿鼻《あび》」（阿鼻旨、Avīci）である。しかし、「阿鼻」が本当に「無間」を意味したかどうかは疑わしい。もしかすると、「阿鼻」のもとの意味が忘れられたときに、「阿」が否定辞「無」であることを手がかりに、適当な解釈をつけたものにすぎないかもしれない。

それはさておき、「等活」と「無間」の両極端のあいだに、他の六つの地獄が並ぶ。等活地獄の下が「黒縄地獄」である。ここでは、獄卒が、大工の使うような墨糸《すみいと》を使って、罪人のからだに線をひき、線のとおりにからだを切っていく。次は「衆合地獄」である。「衆合《しゅごう》」の訳ではちょっと地獄の様子が想像しにくい。「衆残《しゅざん》」と訳したら少しは想像しやすくなろう。

衆合 Saṃghāta の Saṃ- は「いっしょ」の意であり、ghāta は「残殺」という意味である。つまり、この地獄では、もろもろの苦しみがいっしょになって迫ってくる。次は「号叫地獄」。罪人が苦痛のあまり、泣き叫ぶ地獄である。「大叫地獄」はさらに大なる苦痛によって、さらに大なる叫び声をあげる地獄である。「炎熱地獄」は火焔に苦しめられる地獄、「大熱地獄」はさらに激しい火焔に苦しめられる地獄である。

『往生要集』の地獄の描写

しかし、種々の経典は、さまざまに空想をたくましくして、さまざまな地獄描写を展開している。そのような経の一つに『正法念処経《しょうぼうねんじょきょう》』があるが、その地獄描写はわが国の源信の『往生要集』にも利用されている。いま『往生要集』から衆合地獄についての描写の一部を引用してみよう。ここは邪婬の罪にたいする報いが特徴となっている。

「またその上、地獄の鬼は地獄に堕ちたひとをつかまえて、刀のような葉のある林のなかにおく。その樹のてっぺんをみると、顔立ちのととのった、きれいに着飾った女がいる。それとみてとると、〔罪人は〕すぐさまその樹に登っていくが、樹の葉は刀のように罪人のからだの肉をさき、さらにその筋《すじ》をさく。こうしてからだじゅうを切りさかれてやっと樹に登り終って、あの女はと見ると、〔いつの間にか〕地上にいて、媚《こび》をふくんだ欲情の眼で罪人を見あげ、『あなたを慕って、わたしがここにおりてきたのに、どうしてあなたはわたしのところにいらっしゃらないの。なぜ、わたしを抱かないの』と、こんなことをいう。〔これを〕見て、罪人は欲情をはげしく燃やし、〔樹を〕つたってまた下りはじめるが、刀のような葉は上に向いていて剃刀《かみそり》のように鋭く、前のようにからだじゅういたるところを切りさき、やっと地上に下りると、かの女はまたもや樹のてっぺんにいる。罪人は〔これを〕見ると、また樹に登りだす。こうして量り知れない百千億年にわたって、自分の心にたぶらかされ、この地獄のなかでこのようにどうどうめぐりを〔繰りかえ〕し、このように焼かれるのは、邪欲が原因となっているからである」

「この地獄にもまた〔付属の〕十六の特別の地獄〔後出〕がある。〔そのうちの〕ある所は悪見処《あくけんしょ》とよばれているが、他人の子供をつかまえ、よこしまなことを強要して、泣き叫ばせたものがここに堕ち、苦しみを受ける。〔それは、〕罪人が自分の子供も

〔同じ〕地獄におちているのを見る〔苦しみである〕。地獄の鬼が、あるものは鉄の杖で、あるものは鉄の錐《きり》で、その〔子供の〕陰部を突き刺し、あるいは鉄の鉤《かぎ》をその陰部に打ちつける。〔罪人は〕わが子にこのような苦しみ〔がふりかかっているの〕を見て、愛《いと》しさのあまり、悲しみにたまぎえ、堪え忍ぶこともできなくなる。〔ところが〕この子を思う心の苦しさも、火に身を焼かれる苦しみの十六分の一に及ばない。かの罪人はこのような心の苦しみに迫られるとまた、肉体の苦しみを〔わが身に〕受ける。〔その苦しみというのは、〕頭を下に〔さかさに〕され、どろどろの熱い銅を肛門にそそぎ、からだのなかにながしこまれて、熟蔵《じくぞう》や大腸・小腸などを焼かれる〔苦しみである〕。徐々に焼けると、口からでてくる。〔こうして〕つぶさに身心の苦しみを受け、量り知れない何十万年の間、やむことがない。

また多苦悩とよぶ特別の地獄がある。よこしまな男色《なんしょく》をしたものがここに堕ちて、苦しみを受ける〔ところである〕。〔その苦しみは〕むかし〔関係を結んだ〕男をみると、からだじゅういたるところが炎のように熱くなり、近づいてその男を抱くと、からだのすべてがことごとくばらばらに散る〔苦しみである〕〕（石田《いしだ》瑞麿《みずまろ》訳『往生要集』東洋文庫　平凡社）。

頞部陀《あぶだ》＝あばたの責苦

さて、地獄はこれで終りではない。どの熱地獄も四壁面に一つずつ門をもっていて、一つの門ごとに次にあげる四種の副地獄（漢訳では「増《ぞう》」と訳している）がつく。八熱地獄全体では結局百二十八の副地獄をもつことになる。

(1) 煻煨《とうい》副地獄
(2) 屍糞《しふん》副地獄
(3) 鋒刃《ほうじん》副地獄
(4) 烈河《れつか》副地獄

(1)では熱した灰（煻煨）の中を歩かされ、(2)では死体と糞の泥沼につかり、蛆虫《うじむし》に骨をうがたれ、髄をしゃぶられる。

(3)には三種ある。(イ)刀刃路《とうじんろ》では剣が刃を上にして並ぶ道を歩かされ、(ロ)剣葉林《けんようりん》では風が吹くたびに剣の葉が落ちてきて、罪人の手足を切り、その落ちかかった手足を、黒斑色の犬がもぎとって食い、(ハ)鉄刺林《てつしりん》ではつるぎの刺が密生する樹をのぼらされ、下りようとすればつるぎの刃は上を向き、立往生すれば烏が群れとんできて両眼をえぐりだして食べてしまう。
(4)は細長い堀または河のような地獄で、煮えたぎった湯の中に、罪人たちが穀粒のように浮き沈みし、彼らが岸に手をかけてはいだそうとすると、岸の上には獄卒がいて、刀や鎗でその手を払いのける。
地獄はこれで終りではない。さらに八寒地獄というものがある。これらも贍部洲の下、大地獄(=熱地獄)の傍《かたわ》らにあるという。その種類は次のとおりである。

(1)頞部陀《あぶだ》 Arbuda
(2)尼剌部陀《にらぶだ》 Nirarbuda
(3)頞哳陀《あたた》 Aṭaṭa
(4)臛臛婆《かかば》 Hahava
(5)虎虎婆《ここば》 Huhuva
(6)嗢鉢羅《うはら》 Utpala
(7)鉢特摩《はどま》 Padma
(8)摩訶鉢特摩《まかはどま》 Mahāpadma

これらはその名のとおり、みな極寒に責められる地獄である。頞部陀《あぶだ》とはできもの、はれもののことで、この地獄に落ちた罪人は、極寒のためにからだにぶつぶつができてしまうのである。いわゆるあばたである。あばたという言葉は、このインド語に由来するといわれる。次に尼剌部陀とは、さらに厳しい寒さのために、ぶつぶつが破裂してしまう地獄である。次の(3)(4)(5)の地獄の名はみな苦しみの声の擬声語である。すなわち、罪人は寒さのためにそれぞれの地獄で「アタタ」、「ハハヴァ」、「フフヴァ」という悲鳴をあげるのである。

肉がはじけ、からだが腐る

次の(6)(7)(8)の地獄名はみな蓮華の種名である。『倶舎論』には、蓮華の名が地獄の性格とどう関わってくるのか説明がない。『倶舎論』より古い経典である『長阿含経《ちょうあごんぎょう》』や『大智度論《だいちどろん》』には、蓮華の名が地獄や地獄の壁の色を示すことになっている。つまり、嗢鉢羅（意訳して青蓮華《しょうれんげ》）は青一色の地獄を、鉢特摩（紅蓮華《ぐれんげ》）は赤一色の地獄を、摩訶鉢特摩（大紅蓮華）は一層赤い色の地獄を意味するのである。

だが、この説明ではわれわれにはさっぱり恐怖の念がおこらない。古代インド人はなにかこれによって心理的な恐怖でも抱いたのであろうか。だが、これらは寒地獄のはずである。寒さに関連する説明がなければおかしい。したがって、『倶舎論光記』の次の説明がわれわれを納得させる。「嘔鉢羅地獄というのは、厳寒が身にせまって肉がはじけ、からだが青蓮華のようになる地獄である。鉢特摩地獄というのは、肉がはじけて紅蓮華のようになる地獄である。摩訶鉢特摩地獄というのは、大輪咲きの紅蓮華のようになる地獄である」。暗い水面に、人肉の青蓮華、紅蓮華、大紅蓮華が咲き競っている姿は、恐しいとも、美しいとも言いようがない。

以上で地獄の主なるものの説明は終った。八熱地獄、百二十八の副地獄、八寒地獄——合計百四十四の地獄である。しかし、『倶舎論』はこのあとにさらに孤《こ》地獄なるものの存在を付記している。いままでに述べた地獄が、組織的に構成されているのに対し、孤地獄はあちこちに散在する。川、山、野、地下などにである。そして、組織的構成の地獄がすべての人間の共通の業《ごう》の力によってつくられているのに対し、孤地獄は、若干人、あるいは二人、あるいは一人というふうな、限られた人間の業の力によってつくられている。孤地獄についてはこれ以上の説明がないが、他から隔絶され、たった一人で責め苦をうける地獄というのもまた恐しいものである。

いつ地獄の観念が生れたか

これらの地獄は、一ぺんに出来あがったものではない。長い時間をかけて、学僧たちが徐々に考えだしたものである。たとえば、八熱地獄も最初から熱地獄であったのではない。熱地獄、副地獄、寒地獄という地獄の体系も一挙につくりだされたものではなく、数々の説の中に伝えられた地獄が、整理・統合されたものである。

さて、いま学僧といったが、それは仏教の僧侶だけに限らない。いままでに述べた地獄の観念は、インド人ぜんたいに共通の思想的所産である。ジャイナ教にもヒンズー教にも似たり寄ったりの地獄のリストがある。学僧たちはひまにまかせて（といったら失礼だろうか）、ありとあらゆる残虐な刑を考えだした。彼らは聖者（仏教でいえば阿羅漢《あらかん》）であって、自分たちはそのような地獄には無縁であることを知っている。それにもかかわらず、あのように詳しい地獄の責め苦を考えだすのはなぜか。

彼らは答えるだろう。庶民のためである。庶民に警告を発し、正しい道を歩ませるためである。しかし、学僧のなかには、地獄の姿を想像することによって、ひそかに嗜虐《しぎやく》的な喜びを味わっていたものもいたに違いない。いまは亡きオーストリアのインド学者ヴィンテルニッツも、ジャイナ聖典の地獄のリストに関して、「サディスティック」という言葉を用いている。

インドで地獄の思想はいつごろから現われたのであろうか。これは難しい問題である。紀元前六、五世紀ごろ、伝統的な宗教であるバラモン教に対して、仏教やジャイナ教などの新宗教（新興宗教）が発生した。そのころ、バラモン教の内部でも、ウパニシャッドという新しい思想が起っていた。地獄の思想の発展は、これらの新しい動きと時を同じくしているように思われる。

地獄の数は時代とともに増加した。『正法念処経《しょうぼうねんじょきょう》』や『観仏三昧海経《かんぶつざんまいかいきょう》』になると、その中に列挙された地獄の名に接するだけで、阿鼻叫喚《あびきょうかん》の巷《ちまた》が目に浮かび、耳には断《だん》末摩《まつま》の悲鳴が聞こえる思いがする。阿鼻叫喚とは阿鼻地獄と叫喚（＝号叫）地獄のことをいうのであり、断末摩の「末摩」はインド語の「急所」（marman）の音訳であって、急所を切断することを断末摩というのである。

2　天界の構成

天は生きた神をさす

地の下に地獄があるとすれば、地の上には天界がある。ここで注意しておかねばならぬことは、仏教で「天」というとき、それは「空《そら》」skyとかheavenとかいう場所を表わす言葉ではなく、生きた存在としての神、god を意味するということである。たとえば帝釈天《たいしゃくてん》とか梵天《ぼんてん》というようにである。「天」の原語は deva である。これはラテン語の deus と同じ言葉である。二つの言語がともにインド・ヨーロピアン語に属すことは、読者も承知であろう。

　室町時代末期にキリスト教が入ってきたとき、deus は提宇子《だいうす》と翻訳された。一方、仏教では仏の敵として「提婆達多《だいばだった》」（Devadatta）の名が有名である。「提宇子」と「提婆」が、同じ言葉であることを知るものは、一人もいなかった。もし仏教徒がこれを知っていたら、彼らは「提宇子」を「提婆達多」の再来と信じたかもしれない。なぜ中国人は deva を「神」と翻訳しなかったのかという疑問に対しては、「神」という中国語が、霊魂を意味することが多かったからという理由が考えられる。

「天」が神を意味するのに対して、「天界」（deva-loka）は空間を意味する。しかし、「天」も空間の天を意味することがある。というのは、インド語で名詞とそれからつくられた派生語とがほとんど同じ語形である場合、中国人はともに同じ漢字で訳してしまうことがあるからである。たとえば、インド語で「三十三天界」（Trayas-triṃśâḥ）と「三十三天界の住人」（Trāyas-triṃśâḥ）とがあった場合、中国人はともに「三十三天」ですませてしまう。本書で「天」というときは、神の意味である。

四天王が住むヴェランダ

さて、おびただしい天がいる（あるではない）。仏教の世界観はこの点多神教である。まず、下界に近く住む天とその住所から説明していこう。須弥山の、水上に出ている部分は正立方体で、どの辺も長さ八万由旬である。その立方体の下半分が四天王とその手下たちの住みかである。この住みかはいわば四階だてである。水面から一万由旬の高さのところに、四周に張りだしたヴェランダのごときものがある。一万六千由旬、そとへ張りだしているという。このヴェランダから、さらに一万由旬たかいところに、次のヴェランダがある。これは八千由旬だけ張りだしている。

さらに一万由旬たかいところに、次のヴェランダがあって、四千由旬はりだしている。さらに一万由旬たかいところに、最後のヴェランダがあって、二千由旬はりだしている。上のヴェランダほど内へひっこんでいるのは、今日騒がれている「日照権」の問題を想起させて面白い（第8図）。

一番うえのヴェランダには四大王（＝四天王）とその身内が住んでいる。四大王というのは、東方の持国天《じこくてん》、南の増長天《ぞうちょうてん》、西の広目天《こうもくてん》、北の多聞天《たもんてん》（＝毘沙門天《びしゃもんてん》）である。

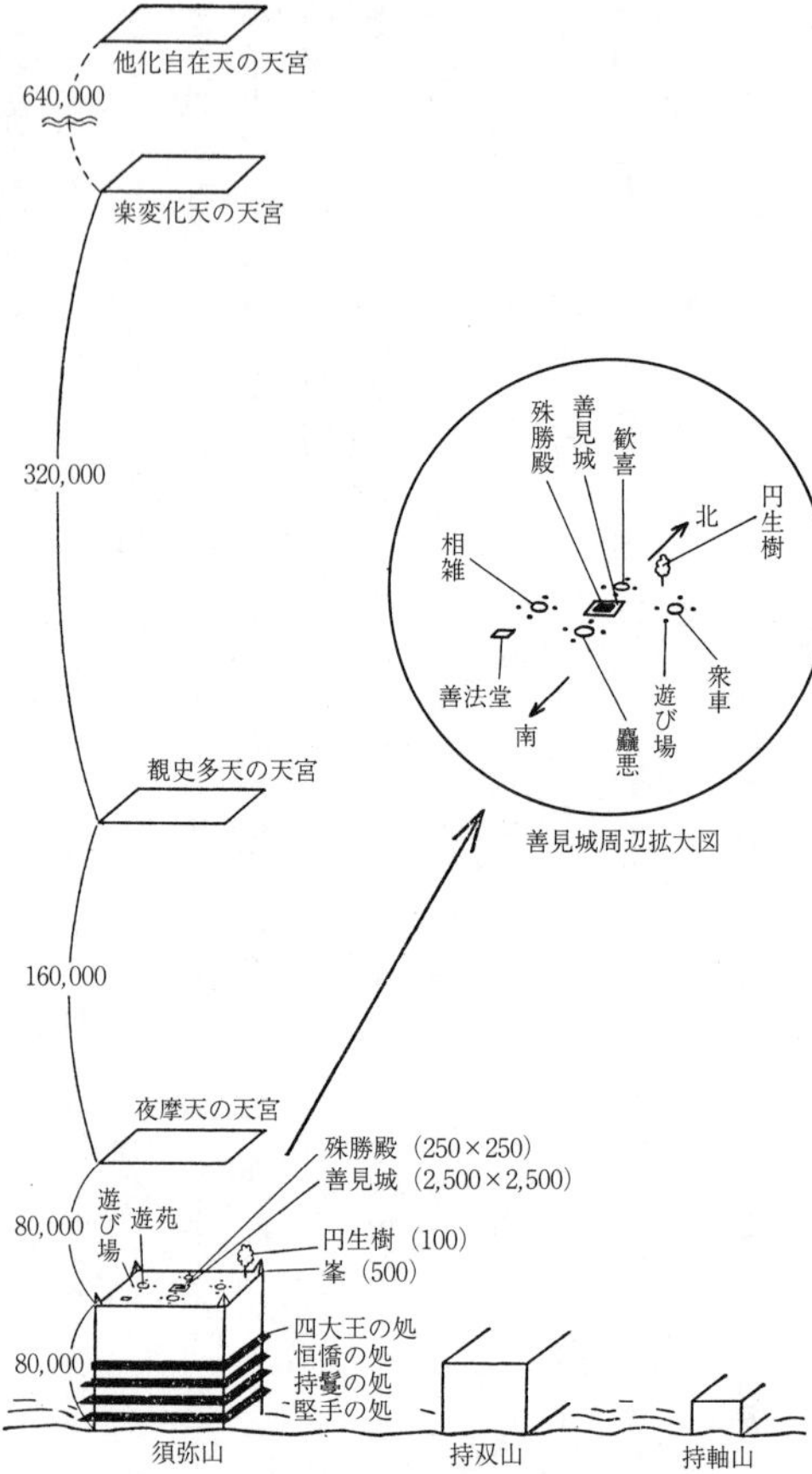

第８図　三十三天の住みかと天宮の位置（単位：由旬）

四大王の手下たちの住みかは、下の三つの階である。しかし、彼ら手下たちはこのほかに、持双山など七つの山脈や、太陽や月（須弥山の中腹と同じ高さを回転している）などにも植民している。

殊勝殿にいる帝釈天

次に須弥山の頂上に「三十三天の住みか」（Trayas-triṃśāḥ）がある。Trayas-triṃśāḥの音訳の省略形が「忉利天《とうり》」である。須弥山の頂上は、一辺の長さ八万由旬の正方形をなしている。その四隅に四つの峯がある。高さ五百由旬である。ここには金剛手《こんごうしゅ》（Vajra-pāṇi）という種名の薬叉《やくしゃ》が住んでいる。須弥山頂の中央に「善見《ぜんけん》」という名の都城がある。一辺の長さ二千五百由旬の正方形で、高さ一由旬半である。建物は金ででき、地面は炉羅綿《とらめん》（Tūlapicu）という綿のようなもの（雲のことか）でできている。

この都城の中央に殊勝殿《しゅしょうでん》という、一辺の長さ二百五十由旬の正方形の宮殿がある。種々の宝石で飾りたてられ、他の楼閣の追随を許さない。この殊勝殿こそ三十三天中の第一人者、帝釈天《たいしゃくてん》の住みかである（他の三十二天の住みかに関しては、第9図を参照されたい）。

都城の四辺に一つずつ遊苑地がある。それらの名は、衆車《しゅうしゃ》（Caitra-ratha）、麤悪《そあく》

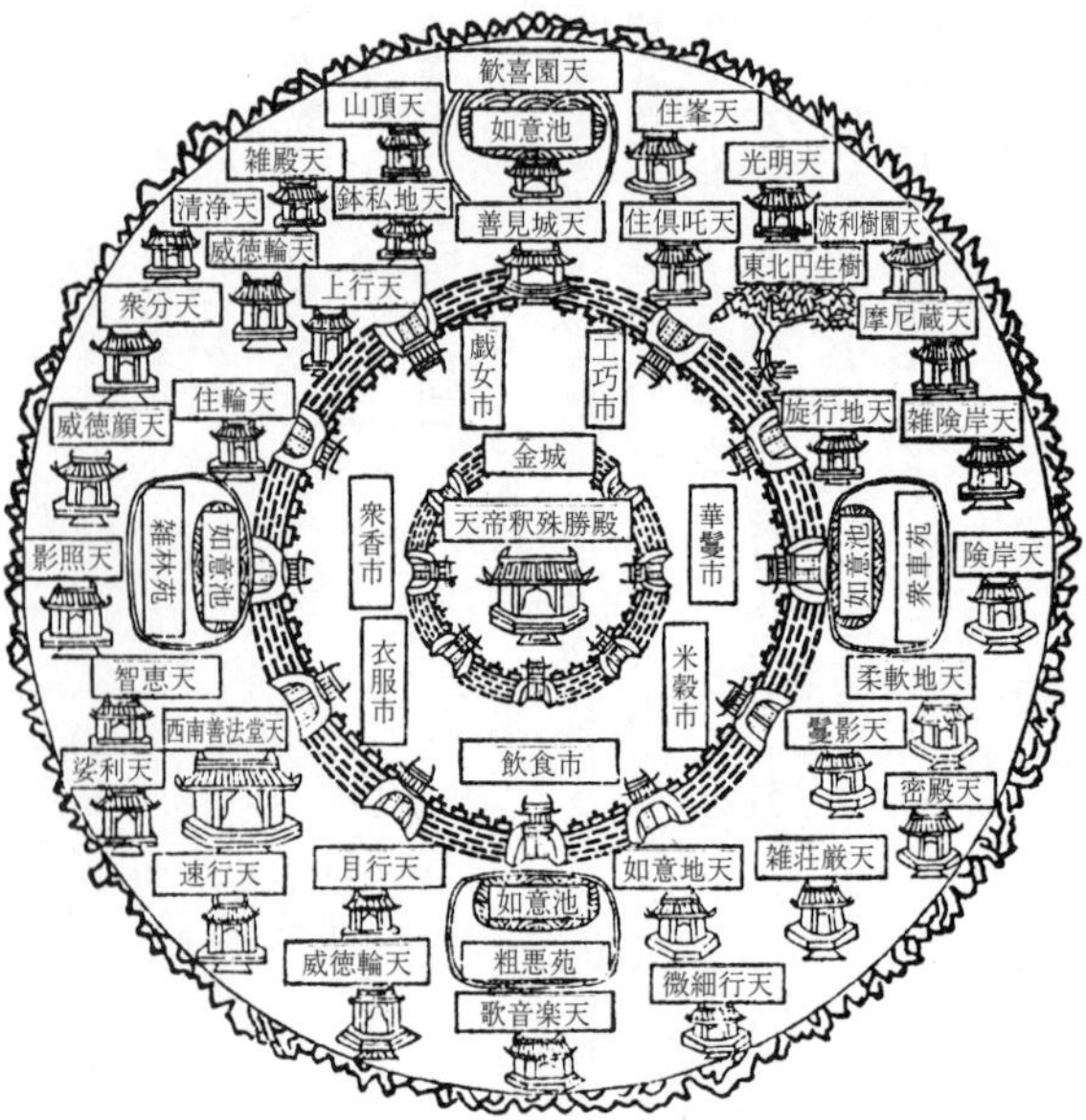

第９図　三十三天の住みかの詳細図

本図は『仏祖統紀』巻第三十一に掲載されている「忉利天宮之図」である（ただし、『仏祖統紀』の本文によって名称の誤りを訂正した）。第８図の円内に描かれた部分が詳細に図解されている。

中央に帝釈天（＝天帝釈）の住みか「殊勝殿」があり、周辺に他の三十二天の住みかがある。両者の中間には、飲食、衣服、米穀、戯女の名が示すように、市場や歓楽街がある。

（Pāruṣya）、相雑《そうざつ》（Miśra）、歓喜《かんき》（Nandana）であるが、おそらく庭苑をつくった人に由来する名か、庭苑に植えられた樹木に由来する名なのであろう。たとえば、Caitra-ratha とは『マハーバーラタ』では乾闥婆神《けんだつばしん》チトララタ（Citra-ratha）のつくったクベーラ神の庭園のことである。麤悪《そあく》は沈香《じんこう》のような樹木の植えてある庭苑かもしれない。Nandana は『マハーバーラタ』でインドラ神の庭園とされている。仏教の帝釈天がもとバラモン教のインドラ神であったことは付記するまでもあるまい。これらの四遊苑地のおのおのには、その四方、二十由旬はなれたところにひとつずつ遊び場が置かれている。

都城の外の北東の隅に円生樹《えんしょうじゅ》があり、南西の隅に善法堂《ぜんぽうどう》がある。円生樹の根は五十由旬も地中に（というよりは四宝の砂の中に）入り、空中への高さは百由旬もある。その樹の花と葉の香りは、順風にのれば百由旬、逆風のときも五十由旬遠くへとどく。

欲望をたちきれない六欲天

以上にのべた四大王やその手下たち、および三十三の天たちは、いわば地上に住む天（地居天《じごてん》という）であるが、次に空中に住む天（空居天《くうごてん》）がいる。須弥山の頂上から八万由旬うえのところに夜摩《やま》（Yama）天とその眷属（Yāmāḥ）の住む空中宮殿（Vimāna）

がある。広さは一辺八万由旬の正方形、すなわち須弥山頂上の広さと同じであるが、厚さは示されていない。夜摩《やま》は閻魔《えんま》と同じである。その彼が地獄にいないで、ここにいる理由についてはのちに話す。

夜摩天の天宮の上、十六万由旬のところに覩史多《とした》（または兜率《とそつ》Tuṣita）天の住む天宮があり、そこからさらに三十二万由旬うえのところに、楽変化《らくへんげ》（Nirmāṇa-rati）天の住む天宮があり、そこからさらに六十四万由旬うえのところに他化自在《たけじざい》（Paranirmita-vaśavartin）天の住む天宮がある。広さはいずれも夜摩天の天宮と同じである。

さて、地上に住む「四大王とその手下たち」および「三十三天」、さらに空中に住む四種の天の、合計六種の天は、天（＝天神）といいながら、やることは人間と大差なく、人間より多少腕力が勝るだけの、道徳的にも不完全な存在である。

彼らはいまだ欲望のとりこであって、六欲天《ろくよくてん》と呼ばれる。それでも彼らのうち高所に住むものほど、だいぶ修行もすすんでいる。いま彼らに愛欲の炎がもえあがったとしよう。地上の神である「四大王とその手下たち」と「三十三天」は、人間と同じように、性器の挿入をせずには欲望の火を消すことができない。ただ、人間と違うところは、彼らには精液がない。精液のかわりに風が洩れでることにより、彼らは熱悩を離れる。

次に空中の天であるが、まず夜摩天は相手を軽く抱くだけで熱悩を離れる。覩史多天は相手の手を握ることにより熱悩を離れる。楽変化天は微笑しあうことにより、他化自在天は視あうことにより、熱悩を離れる。

精液がなくとも、風が洩れるだけでも、彼らに子供が生まれる。ただ生れ方は人間とはちがう。『倶舎論』は「男女の天ありて、その膝の上に天の童子あるいは天の童女が生るるならば……」といっている。上位の天ほど成長した姿で生まれる。四大王とその手下たちは五歳の姿で、三十三天は六歳の姿で、夜摩天は七歳の姿で、覩史多天は八歳の姿で、楽変化天は九歳の姿で、他化自在天は十歳の姿で、「全く速かに」膝の上に生まれる。こうしてみると、どの天も妻や子どもを従え、生活を楽しんでいる様子がうかがわれ、およそ神らしくない印象を与えるのである。

3 禅定者《ぜんじようしや》の世界

「色即是空」の意味

これまでに天上、地上、地下の世界を語りおえた。ここまでは他の宗教的宇宙観と共通する点が多いであろう。しかし、神々の世界の上に禅定者の世界をおくのは仏教

（またはインド）独特の思想であろう。これまで述べてきた世界が「欲界《よくかい》」と総称されるのに対し、この禅定者の世界は「色界《しきかい》」と「無色界《むしきかい》」の二つからなる。

〔色界〕色界というと、色欲とか色街《いろまち》とかいった連想をもって、理解する人がいるかもしれない。しかし、仏教で「色《しき》」というのは、決して人の色情を刺激するような概念ではない。それは「かたちあるもの」（rūpa）の訳語であって、変壊質礙《へんねぜつげ》（変化し、壊れ、一定の空間を占めること）という性質をもつものを意味する。だから、色界というのは、「かたちを有するものの住む世界」のことである。

「色即是空」というのも「愛欲はむなしい」の意味ではなくして、「かたちあるものはむなしい」の意味である。もちろん、愛欲もかたちあるものに属する現象としてむなしいことに変りないが。

「かたちを有する」ということは、すでに述べた欲界にも通ずる条件である。それにもかかわらず、色界というときは、欲界を除外することになっている。したがって、色界の生きものは欲望を脱し、ただ肉体を残すのみである。このような世界には、禅定を行なうものが入りうる。仏僧や、そしてわれわれでさえも、禅の道を究めれば、神々の世界より高いこの世界にのぼりうるのである。

色界は大きく四段階にわけられる。下から、初禅《しょぜん》、二禅《にぜん》、三禅《さんぜん》、四禅《しぜん》である。禅というのはdhyānaの音訳であって、意訳すれば「静慮《じょうりょ》」である。「静慮」という訳語は、禅に「寂静」（心を止めること）と「審慮」（ものごとを見きわめること）の二つの性格が含まれていることを表わしている。英語では簡単に「瞑想」（meditation）と訳すことが多い。

「離生喜楽」の境地

初禅の中に三つの天界がある。下から、梵衆《ぼんしゅ》天、梵輔《ぼんほ》天、大梵《だいぼん》天の世界である。梵衆天というのは大梵天支配下の民であり、梵輔天（複数）は、大梵天の大臣ないし役人である。

梵衆天の世界は、欲界の最高の世界である他化自在天のところから、百二十八万由旬うえのところにある。広さは四洲（贍部洲、勝身洲、牛貨洲、倶盧洲）と同じである。「四洲と同じ」という表現は漠然としすぎるが、一つの可能性として、「四洲を円周上の四点とする円の広さ」が考えられる。そうすると、四洲の位置を塩海中の中央にあると考えて、半径四十二万八十六・五由旬の円の広さということになる。ちなみに彼らの身長は半由旬である。

梵輔天の世界は、梵衆天の世界から二百五十六万由旬うえへ行ったところにある。

広さは梵衆天のと同じ。ここの住人の身長は一由旬だから、前のと人口（天口？）が同じとすれば、少し窮屈になろう。しかし、役人だから数は少ないのかもしれない。大梵天の世界は、梵輔天の世界から五百十二万由旬うえにある。広さは梵輔天のと同じである。大梵天の身長は一由旬半。

色界に入っても、初禅の世界はまだ神話がかっている。梵天（Brahman）というのはもとバラモン教の神で、バラモン教において最高神の地位にのぼったこともある。しかし、梵天の名は、仏教の初禅の中に組入れられてからは、神そのものを表わすより、むしろこの神が象徴する「離欲」や「浄行」を表わすようになったように思われる。したがって、「大梵天の世界」というのは、禅によって欲界を脱し、大梵天に等しい徳を備えたものの集まる世界と考えるべきだろう。

初禅の天たちは、まだ心の作用が止みきらない（すなわち「有《う》尋《じん》有《う》伺《し》」である）が、欲（物欲・愛欲）からの「離」（離脱）が生みだすところのすがすがしい喜び（「離生喜《りしょうき》楽《らく》」）を味わうことができる。

「定生喜楽」と「離喜妙楽」

次に二禅にも三つの天界がある。下から少光天《しょうこうてん》の世界、無量光天《むりょうこうてん》の世界、極光浄天《ごくこうじょうてん》の世界である。いずれも光に象徴される徳の満ちた世界である。少光天の世界の位置は、大梵天の世界の千二十四万由旬うえにある。無量光天の世界は、少光天の世界の二千四十八万由旬うえに、極光浄天の世界は、無量光天の世界の四千九十六万由旬うえにある。広さはみな同じく「一小千世界」である。

「小千世界」を説明しよう。まず一世界というものがある。欲界のすべてと色界の一部（初禅）とを一つにひっくるめた広大な空間をさす。「一小千世界」はそれが千あつまったものをいう。「一小千世界」という大きな空間が、果して言われたとおりの位置に納まるものかどうか、多少あやしい（第10図）。

二禅の世界においては、もはや思索や探究心はない（「無尋無伺《むじんむし》」）。「定《じょう》」が生みだすところの喜《き》と楽《らく》があるのみである（「定生喜楽《じょうしょうきらく》」）。

次に、三禅にも三つの天界がある。下から少浄天《しょうじょうてん》の世界、無量浄天《むりょうじょうてん》の世界、遍浄天《へんじょうてん》の世界である。少浄天界の位置は、まえの二禅の最上層である極光浄天界の上、八千百九十二万由旬のところにある。無量浄天界は、少浄天界の上、一億六千三百八十四万由旬のところにある。遍浄天界は、無量浄天界の上、三億二千七百六十八万由旬のところにある。広さはいずれも中千世界と同じである。中千世界というのは小千世界が千箇あつまったものをいう。

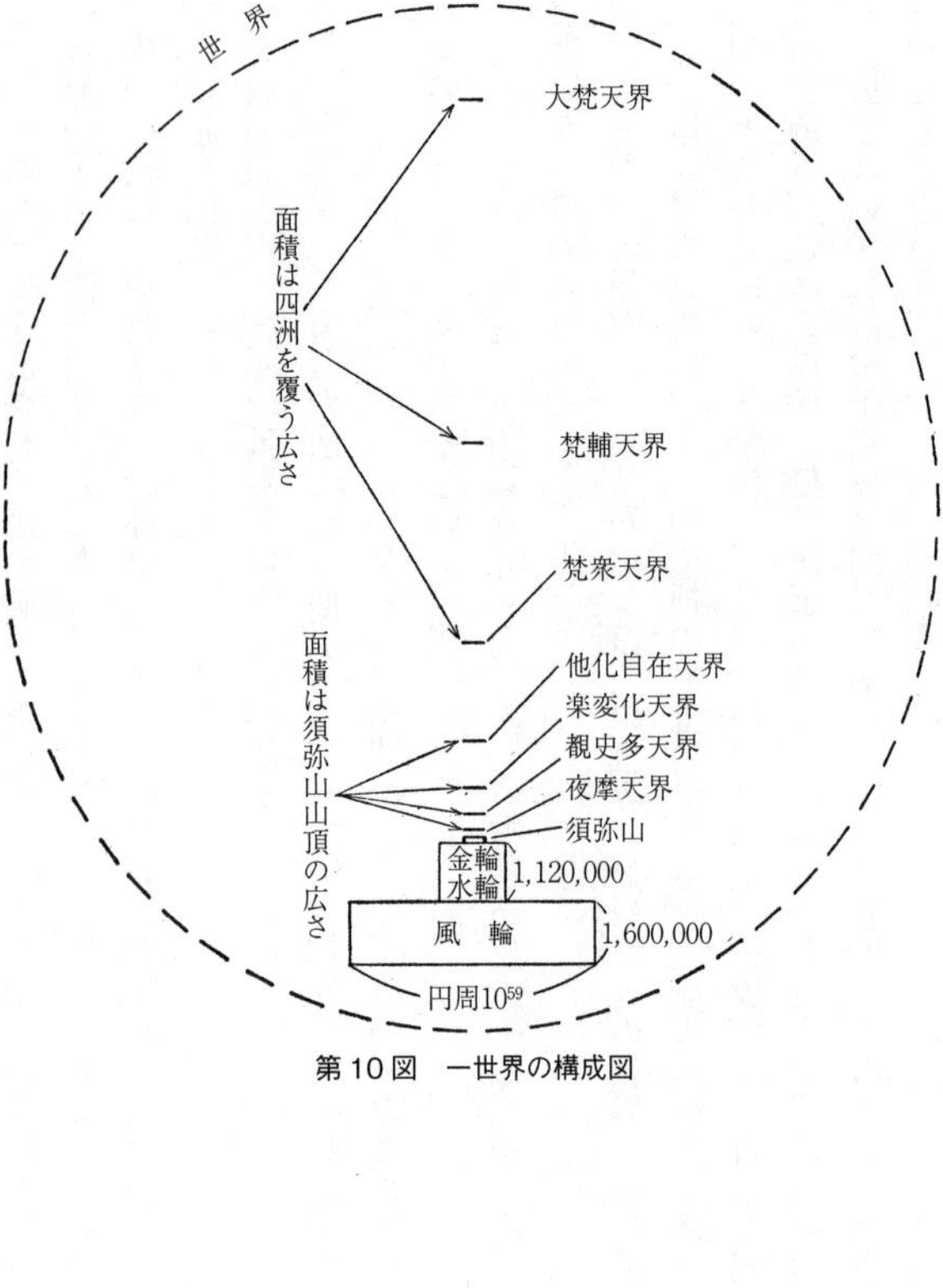

第10図　一世界の構成図

三禅の世界ではもはや喜も楽もない。だが、まさにそこにこそ真の喜び「妙楽《みようらく》」がある（「離《り》喜妙楽《きみようらく》」）。「妙楽」はおそらく真理と一体となっているときの楽なのであって、静寂そのもの、ギリシア哲学の「心の平静」（ataraxia）に相当するのかもしれない。

以上、初禅の三天、二禅の三天、三禅の三天について、それぞれ「離生喜楽」「定生喜楽」「離喜妙楽」の特徴をもつことが説明されたが、初禅、二禅、三禅のすべてに「楽」が一貫しているので、以上を総括して「楽が生ずるところ」（「楽生《らくしよう》」）と呼ぶ。

色界はこれで終ったのではない。この次に、苦も楽も超越した境地（「非苦非楽《ひくひらく》」）をもたらす四禅がある。それは八つの天界から成るのだが、このように高い境地になると、その中の微妙な差など、われわれ凡人の理解を超えてしまう。だから、ここではそれらの名前だけあげて、詳しいことは専門書にゆずることにする。

無雲天《むうんてん》、福生天《ふくしようてん》、広果天《こうがてん》、無煩天《むぼんてん》、無熱天《むねつてん》、善現天《ぜんげんてん》、善見天《ぜんけんてん》、色究竟天《しきくぎようてん》。色究竟天とは色界の一番上の天の意味である。色界は物質のある世界だから、このうち梵衆天から色究竟天にいたるまでのどの宮殿においても、肉体をもった天人が出入りするのがみられることだろう。七二ページの第11図は欲界と色界に関する数字をまとめたも

有情の身長	有情の寿命
（由旬） 16,000.0 8,000.0 4,000.0 2,000.0 1,000.0 500.0 250.0 125.0	（大劫） 16,000.0 8,000.0 4,000.0 2,000.0 1,000.0 500.0 250.0 125.0
（由旬） 64.0 32.0 16.0	（大劫） 64.0 32.0 16.0
（由旬） 8.0 4.0 2.0	（大劫） 8.0 4.0 2.0
（由旬） 1.5 1.0 0.5	（½大劫） 1.5 1.0 0.5
（クローシャ） 1.50 1.25 1.00 0.75	（年） 16,000×1,600×30×12 8,000×800×30×12 4,000×400×30×12 2,000×200×30×12
（クローシャ） 0.50 0.25	（年） 1,000×100×30×12 500×50×30×12
（肘） 32 16 8 4	（年） 1000 500 250 ∞〜10
不明 不明	最大 1 中劫 （年） 500×30
不明 不明 不明 不明 不明 不明 不明 不明	（年） 500×30×12×（500×50×30×12） 1,000×30×12×（1,000×100×30×12） 2,000×30×12×（2,000×200×30×12） 4,000×30×12×（4,000×400×30×12） 8,000×30×12×（8,000×800×30×12） 16,000×30×12×（16,000×1,600×30×12） ½ 中劫 1 中劫

1大劫＝80中劫（117ページ参照）

				金輪水面からの距離	広さ
空居天	色界	四禅	色究竟天	(由旬) 167,772,160,000	大千世界
			善見天	83,886,080,000	大千世界
			善現天	41,943,040,000	大千世界
			無熱天	20,971,520,000	大千世界
			無煩天	10,485,760,000	大千世界
			広果天	5,242,880,000	大千世界
			福生天	2,621,440,000	大千世界
			無雲天	1,310,720,000	大千世界
		三禅	遍浄天	(由旬) 655,360,000	中千世界
			無量浄天	327,680,000	中千世界
			少浄天	163,840,000	中千世界
		二禅	極光浄天	(由旬) 81,920,000	小千世界
			無量光天	40,960,000	小千世界
			少光天	20,480,000	小千世界
		初禅	大梵天	(由旬) 10,240,000	四洲を覆う広さ
			梵輔天	5,120,000	
			梵衆天	2,560,000	
	欲界	六欲天	他化自在天	(由旬) 1,280,000	(由旬) $80,000^2$
			楽変化天	640,000	$80,000^2$
			覩史多天	320,000	$80,000^2$
			夜摩天	160,000	$80,000^2$
地居天			三十三天	(由旬) 80,000	(由旬) $80,000^2$
			四大王衆天	40,000	(種々あり)
地上		倶盧洲		(由旬) 0	(由旬) $2,000^2$
		牛貨洲		0	$1,250^2\pi$
		勝身洲		0	約 2,000,000
		贍部洲		0	約 2,000,000
		傍生		(由旬) 0	不明
地下		餓鬼		500	不明
		等活地獄		(由旬) 1,000	(由旬) 不明
		黒縄地獄		不明	不明
		衆合地獄		不明	不明
		号叫地獄		不明	不明
		大叫地獄		不明	不明
		炎熱地獄		不明	不明
		大熱地獄		不明	不明
		無間地獄		20,000	$20,000^2$

第11図　色界と欲界に関する数表

のである。

〔無色界〕次に無色界がある。無色界というのは、かたち（色、rūpa）のない世界のことである。いわば精神のみが存在する。したがって、無色界は色界の上にあるというわけにはいかない。それは「方処《ほうしょ》」を超越している。だから宇宙観の一部とはいいながら、無色界の説明はまったく空間の概念を離れてしまう。

色界が禅を行なうものの世界であったのに対し、無色界は定《じょう》を行なうものの世界である。われわれは一口に「禅定」というが、細かくいえば「禅」と「定」には微妙な違いがある。「禅」はまえにも述べたとおり、静慮であって、「寂静《じゃくじょう》」と「審慮《しんりょ》」の二つの要素を備えている。「定」はこのうち「寂静」の要素が増したものである。

しかし「定」は、広い意味ではすべての精神統一を意味し、禅をも含む。「定」はインド語のsamādhiを意訳したもので、その音訳は「三摩地《さんまじ》」「三昧《さんまい》」である。三昧は小乗仏教、大乗仏教（とくに般若経典の系統）を通じて終始重視された修行項目である。

仏になるまえのシッダルタが、城をぬけでて最初に教えを乞うた仙人アララは四禅《しぜん》、空処《くうしょ》、識処《しきしょ》、無所有処《むしょゆうしょ》、非想非非想処《ひそうひひそうじょ》からなる禅定の教義をもっていた。この教義は仏教にとりいれられ、四禅以外の四項目は四無色定《しむしきじょう》（空無辺処《くうむへんじょ》定、識無辺処《しきむへんじょ》定、無所有処定、非想非非想処定）としてまとめられた。四禅と四無色定が対比的に言及される場合には、定はせまい意味の定である。

「定」という概念

無色界は四種の世界からなるが、それは右の四無色定の区分に対応している。たとえば空無辺処定に入ることにより、得られる世界が空無辺処である。「空無辺処定に入る」とは、色界に関するすべての想念を断ちきり、無辺の空に入ることである。その具体的な方法も示されている。すなわち、「まさにこの身中の虚空を観じ、常に身は空にして籠《かご》の如く甑《こしき》の如しと観ずべし」。そのようにして「常に念じて捨てざれば、則ち色を度《ど》する（＝超越する）ことを得て復《ま》た身を見ず。内身の空なるが如く外の色もまたしかり。このとき、よく無量無辺の空を観ず」るのである（『大智度論《だいちどろん》』）。

四つの定の概念は非常に微妙で、そのような高い境地（贍部洲の上方千七百億由旬を超えたところにある）にのぼったことのない私には、その差を説明する資格はないだろうが、あえてそれを試みれば次のようである。目ざすところは「絶対の世界」、われと宇宙とが合一した世界、相対の消えた世界である。それは修行者の立場からすれば、せまい「我《が》」を脱し、自由の境地を追求することである。絶対についてはのちに話すとして、いま自由の観点から四段階の定についてのべよう。

すでに色界において、修行者は相当の自由をえている。しかし、それはあくまでも物質界においてのことである。無色界においては、物質からは自由になっている。だから残るのは精神の完全な自由である。無色界においては、すべての思考対象を排除したときに実現する。精神の完全な自由は、思考対象を有することが、最後の段階における把われだからである。なぜなら、思考対象を有することが、最後の段階における把われだからである。無色界の第一段階では、色界の物質的な思考対象を排除するために、心は空虚の世界へ入らねばならない。これが空無辺処定である。

しかし、よく考えてみると、空虚すらなにか或るものである（ギリシアの哲学者レウキッポスとデモクリトスは「あらぬものはあるものに劣らずある」といっている）。心はこんどは空虚という或るものを、思考対象としてしまうのである。この状態から脱せねばならない。

そこで、いっさいの思考対象を排除した世界、心そのもののみが存在する世界に入っていく。これが識無辺処である。ここは心のみあって、思考対象はまったくない。

しかし、よく考えてみると、「思考対象をすべて排除した」という思考はある。これを脱せねばならない。どうしたらよいか。そもそも、「……をした」とか、「低い段階を脱して高い段階へ昇った」とか、「……の成果を得た」とかいう考え（これを「所有の考え」ということができよう）がいけないのである。だから「なにも持たない」（無所有）という世界へ入らねばならない。しかし、よく考えてみると、「なにも持たない」という考えも、実は「なにも持たない」ということをもつ考えである。これを脱せねばならない。そこで非想非非想処に入る。

非想とは「思わない」ということであるが、「思わない」ということは、「『思わない』ということを思うこと」であるから、その非想を同時に否定して非非想というのである。これが最高の段階とされる。しかし、いままでの論理を使えば、これも決して最高の段階といえないことはただちに理解できよう。かくして、この論理は無限にくりかえされるであろう。

不二法門に入るということ

ここで維摩居士《ゆいまこじ》のはなしを紹介しよう。右の自由への道が絶対への道と同じなのである。『維摩経《ゆいまぎょう》』という有名なお経がある。わが国の聖徳太子も、この経に注釈を施して『維摩義疏《ゆいまぎしょ》』という書物（三経義疏の一つ）を、書いたくらいのポピュラーな経である。この経の主人公が維摩居士であって、居士（在家信者）でありながら、深く般若空《はんにゃくう》の思想を理解して、出家者である仏の弟子たちをもしのぐほどであった。その維摩居士と仏の弟子たちが、あるとき「入不二《にゅうふに》法門」の教義について論じあった。

不二というのはすべての相対的、対立的概念を否定することである。そこにこそ真理が現われると考えるのである。いまの非想非非想も不二の一つであって、想と非想という対立的概念を両方とも否定したものである。『般若心経《はんにゃしんぎょう》』にある文句、「不生不《ふしょうふ》滅《めつ》」「不垢不浄《ふくふじょう》」や「無《む》無明亦無《むみょうやくむ》無明尽《むみょうじん》」もみなそうである。この思考方法は、正反合の形式をとる弁証法に似ている。入不二法門というのは、その不二の教え（法門）を理解体得するということである。

まず、ある菩薩がいう。「多くの賢者たちは、ものには生ずることと、滅することとがあると思っている。しかし、もの（ごと）は元来生じたものではない。したがって滅することもない。このようにものは生ぜずとの理解から心の寂静をえるのが、不二法門に入るということだ」と。以下、かわるがわる菩薩が発言して、浄と不浄、善と不善、生死《しょうじ》と涅槃《ねはん》など、対立する二つの概念を否定していく。これらの菩薩が発言しおわると、彼らは文殊師利《もんじゅしり》に発言をうながす。文殊師利はいう。

「私の考えでは、すべてのものに関して、言葉もなく、説明もなく、指示もなく、識別もない。すべての問答を離れるのが不二法門に入ることであると考える」と。

さすが智恵者といわれる文殊師利だけのことはある（「三人寄れば文殊の智恵」とい

う諺がある）。彼の返答は他のすべての菩薩の発言を圧した。その文殊師利が維摩に向って、「みな発言を終えましたよ。こんどはあなたの番です。不二法門に入るとはどういうことなのですか」ときいた。そのとき維摩は、黙然《もくねん》として言《ごん》なしであった。文殊師利が感嘆していった。「すばらしい、すばらしい。文字も言葉も用いない。これこそ本当に不二法門に入ることです」と。

バラモン教の「梵我一如」

不二とは絶対（仏教では絶待と書く）の思想である。仏教では絶対なるものは真なるものであって、相対なるものは仮りの存在、いつわりの存在である。なぜそのように考えるのだろう。仏教はこの世を苦とする考えから出発し、いかにしたら苦をとり除くことができるかを追求する。そしてその原因をこの世の相対的存在性に求める。すなわち、「わたし」と「わたしならざるもの」があるから、苦悩が生ずるのである。「わたし」が「わたしならざるもの」によって苦しむのである。このような嫌悪すべき相対的世界が真の世界であるはずがない。相対の消滅した世界、絶対の世界には苦悩はない。それこそ真の世界である、と。

だから仏教は「絶対」とはなにかを、追求することに驚くべき心血をそそいだ。仏教の見地からいえば、世間一般に通用している「絶対」の概念は、非常に低級なものである。それは「相対」に対する「絶対」であって、そのような「絶対」は真の「絶対」ではない。そのことに一般の人はあまり気づかない。「絶対なる神」とはなにか。もしそれが、「すべてのものの上にたつ存在」というのなら、それはいまだ「絶対なる神」ではない。「すべてのもの」と対立する「相対的な神」なのである。真に「絶対なる神」とは、われわれがすなわち神であるところの神である。このようにして仏教の思想は汎神論的になる。

バラモン教の言葉でいえば「梵我《ぼんが》一如《いちにょ》」である。梵（ブラフマン）とはいっさい宇宙のこと、我（アートマン）とは私、つまり根元的自我のことである。この二つは実は一つなのである。私がいっさい宇宙と私とを別の存在と考えているのは、迷いによって生じた私が、自分で勝手につくりだした見解に執着しているからである。

理想としての無念無想

いまバラモン教の言葉を出したが、実際、この不二絶対の思想は仏教だけのものではない。バラモン教の聖典ウパニシャッドにも脈々と流れる思想である。むしろ、このほうが不二の思想の本家と考えられている。ウパニシャッドの一つに有名な「ネーテイ、ネーティ」（neti, neti. 訳して「しからず、しからず」）の言葉がある。

ヤージュニャヴァルキア仙人は、妻マイトレーイーに向っていった。

「いわば相対の存在するとき、そこに一は他を見、そこに一は他を嗅《か》ぎ、そこに一は他を味わい、そこに一は他に語り、そこに一は他を聞き、そこに一は他を思い、そこに一は他に触れ、そこに一は他を認識す。されどその人にとりて一切が我《が》となりしとき、そこに彼は何によって何者を見得《う》べき。そこに彼は何によって何者を嗅ぎ得べき。そこに彼は何によって何者を味わい得べき。そこに彼は何によって何者に語り得べき。そこに彼は何によって何者を聞き得べき。そこに彼は何によって何者を思い得べき。そこに彼は何によって何者に触れ得べき。そこに彼は何によって何を認識し得べき。それによってこの一切を認識するところのもの、そを何によって認識し得べき。この我は、ただ『非也《あらず》、非也《あらず》』と説き得べきのみ。彼は不可捉《ふかそく》なり、何となれば、彼は捕捉せられざればなり。彼は不可壊《ふかえ》なり、何となれば彼は破壊せられざればなり。彼は無染着なり、何となれば彼は染着せられざればなり。彼は束縛せられずして動揺せず、毀損《きそん》せられず。ああ、認識者を何によって認識し得べけんや。御身はすでにかく指授《しじゅ》を受けられたり、マイトレーイーよ。ああ、不死とは実にかくのごとし」と。

こういい終って、ヤージュニャヴァルキアは（遊行《ゆぎょう》のために）去っていった（辻直《つじなお》四郎《しろう》訳）。

「絶対」を理想とする人々は、できるだけ多様性から遠ざかるのをよしとする。精神的には無念無想《むねんむそう》や無分別《むふんべつ》（識別作用を停止すること）が彼らの理想である。精神状況を覚醒時、夢眠時、熟睡時の三時において考えるとき、彼らにとっては覚醒時における精神状況が一番迷いに近い。精神はそのとき、最も多様な世界と関係しているからである。夢眠時には、この多様性が減少する。熟睡時においてはそれは無である。多様性は無となるが、精神はこのときこそ、その真なる姿において実在するのである。

インドのヨーガと精神統一

これは最も非ヨーロッパ的思考法であるように思われる。ヨーロッパ文明においては、ものをはっきり見ることこそ、真の存在に接近することであり、その逆は思考の混濁であり、なにも認識しないのは白痴である。しかし、インドの夢眠時や覚醒時の教えにも、われわれを説得するなにものかがある。人は往々、その長い一生を終えるにあたって、「人生は夢のごときものだ」と述懐する。おそらく、それは本当かもしれない。そのことは実際には、人々が死んでのち初めて確認するのかもしれない。

われわれは夢をみているとき、どんな事件がおこっても、その真実性を疑うことは

瞑想した神官の像

絶対にない。しかし、めざめてのち、夢中の出来ごとを振りかえってみると、なんと夢の世界は、矛盾と不可能に満ち満ちた世界なのだろう。私はある場面にいたとすると、次の瞬間にはまったく無関係な別の場所にいる。私は甲とはなしている。しかし、私のはなしている相手はいつのまにか乙になっている。しかも私は無頓着に同じ話をつづけている。私は疑うということがまったくない。しかし目ざめてみれば、それはまったく虚妄という言葉にふさわしい世界である。

さて、私はいま目ざめている。ものごとは理路整然と行なわれており、なんらの疑いをさしはさむ余地もない。夢中の世界はともかく、覚醒時の世界は厳然たる事実の世界である――としか思えない。だが、夢の中の世界でも、それで騙されたのではないか。夢の中の世界で、私は何ひとつ疑いを起さなかった。いままた覚醒時にいて、同じ轍《てつ》をふもうとしているのではないか。

覚醒時は夢眠時を上回る、大《おお》まやかしではないのか。死こそ本当の覚醒ではないのか。

三昧、すなわち精神統一ということは、このように非常にインド的なものである。ヨーガ（瑜伽《ゆが》、yoga）というのも、三昧や禅と同じ伝統に属するものである。この伝統の起原はどこにあるのかを、見極めるのは非常にむずかしい。しかし、西紀前二千三百年ごろを中心に栄えたインダス文明の遺物の中に、瞑想した神官（？）の像がある（モヘンジョ・ダロ出土）。半眼に閉じた目は、まちがいなく三昧に入った姿を表わしているようにみえる（モンゴル人種の目つきを表わしているにすぎないという考えもある）。右肩を露わにした衣の着方は、後世、仏教徒が偏袒右肩《へんだんうけん》と称するものと同じである。

しかし、インダス文明の盛時と新宗教やウパニシャッド全盛の時代との間には二千年ちかくのギャップがある。そして、新宗教の発生の舞台はインダス河流域ではなくて、ガンジス河流域である。二千年の歳月と二千キロの距離を、一つの神官像がつなぎうるかどうかはまだわからない。

3章　極大の世界と極微の世界

六道絵〔滋賀・聖衆来迎寺〕

1　三千大千世界

「傍生」と「鬼」の住む世界

仏教の宇宙観をつかむには、どうしても〝三千大千世界〟という概念を、理解しておかなければならない。そのためには「一世界」をまず知る必要がある。漢訳『倶舎論』に、「鉄囲山《てっちせん》が一世界を囲んでいる」という文章がある。これは一世界の水平方向の限界を示している。垂直方向の限界は、はっきりしないが、下は風輪から上は色界中の初禅までのようである。初禅といえば梵天の世界であり、最高の神たる梵天の世界が「一世界」の上限になるようである。その他の禅定者と仏だけが、「一世界」の外にいることになる。

ところで、この一世界には、いままで言及しなかった「傍生《ぼうしょう》」（＝「畜生《ちくしょう》」）と「鬼《き》」（＝「餓鬼《がき》」）とが含まれている。「傍生」とは動物のこと、地をはって歩くからそのような名がつけられている。『倶舎論』によると、「傍生の住む場所は水、陸、空であるが、本処は大海であって、のちここから陸や空へ移動した」とある。この考えは現代の進化論と矛盾しない。

「鬼」は亡者（死者）のことである。その原語であるインド語pretaは、「往ける人」（the departed person）を意味する。漢字の「鬼」もまた死者の魂を意味する。だから、「鬼」は単に死者であって、死者が必ずしも餓えた存在であるわけではないが、たいていはこの亡霊は惨《みじ》めな境界にいるので、のちに「餓」の字が附加された。

餓鬼の住む場所は瞻部洲の下、五百由旬のところにある。これが亡霊たちの本来の住みか（「本処」）である。しかし、亡霊には徳ある亡霊と徳なき亡霊とがあって、前者は園林や樹上で楽しい生活をおくったり、ときとしては地下の世界を脱けだして、空中の宮殿に遊ぶものもある。徳なき亡霊は大小便のたまった穴の中に住んだり、飢えに苦しめられたりしなければならない。徳なき亡霊の典型的な姿は、腹が山谷の如くふくれ、針の如く細い咽《のど》をもつものである。すなわち、腹がへってものを食べようとしても、食べものが咽をとおらない。

ほかに、口から炎がふき出て、蛾がこれにとびこんで、やっと食事にありつく亡霊や、糞、はなみず、うみ、洗浄器の附着物などを食う亡霊、などがいる。子供たちを餓鬼というのは、彼らががつがつして飢えた存在だからである（第12図）。餓鬼界の王者は閻摩《えんま》であるが、これについてはのちにのべる。

以上の、地獄、餓鬼、畜生、人間、天の五種類の境界《きょうがい》を総称して「五趣《ごしゅ》」という。

第12図　餓鬼の図

ところが、『倶舎論』以外では、これに「阿修羅《あしゅら》」を加えて「六道《ろくどう》」とする説がある。のちの仏教では五趣よりは六道のほうが、ポピュラーとなる。だから、阿修羅もここで説明しておこう。

なぜ阿修羅は悪神なのか

阿修羅（asura, asúra）は位《くら》いでいえば、「人間」の下、「畜生」の上に位置する。しかし、その力は人間以上であり、「天」に匹敵する。彼らは多くはその力を、悪いほうに用いる恐るべき存在である。実際、ヒンズー教でも、阿修羅たちとインドラ神を筆頭とする天神（deva）たちとの絶えざる抗争は、よく知られており、かの有名な詩劇『シャクンタラー』のドゥフシャンタ王も、阿修羅の乱暴に困りはてた神々から頼まれて、阿修羅征伐に赴いたのである。

しかし、asuraは、古く『リグ・ヴェーダ』の時代には、このような悪しき存在を意味する言葉ではなかった。それはゾロアスター教のahura（アフラマズダのアフラ）と語源を共通にし、神秘的な力をそなえた神をさす言葉であった。アス（asu）は「生気」（breath）と解釈され、アスラは精神的（spiritual）な存在であったのだ。だから、インドラ神（帝釈天）やヴァルナ神（水天）が、アスラと呼ばれたのである。ところが、どういう過程をたどってか、インドのほうでは、アスラは悪魔的な神をさす言葉になっていった。

こうして、アスラが悪魔的存在になると、アスラの語義解釈にも変化があらわれた。アは否定辞のa-と考えられるようになった。あと何を否定しているかという問題だけになった。いわく「非天」、いわく「非酒」、いわく「非歓楽」。事実、suraの部分は天や酒や歓楽を示す言葉と、考えられないこともないのである。しかし、このうちでは「非天」がアスラの語義解釈としては、最も当をえたものといえよう。それは「天」ではあるが、天らしくないものである。神でありながら乱暴な性格をもつ、日本のスサノオノミコトのような荒ぶる神に似たところがある。

阿修羅の住みかは、須弥山の周囲の海の中である。阿修羅の中で有名なのがラーフラ・アスラである。『長阿含』によると、このアスラは須弥山の北、大海の水底に、たてよこ八万由旬の都城をもっている。須弥山の北の海の広さが、そのまま都城の広さになる勘定である。この都城の中に小城、講堂、園林などがある。ところが、ラーフラ・アスラは、自分の頭上を、三十三天や太陽や月などが行ったりきたりしているのが気にくわない。それでインドラ神にけんかをしかけたり、太陽や月をとって耳かざりにしようとしたりするのだという。

他の経によると、ラーフラ・アスラはときどき天女が見たくなって、海底のすみかを出て、須弥山にのぼっていくが、太陽の光がまぶしくて天女を見ることができないので、右手で太陽を覆うという。これが日蝕である。月を覆うこともある。これが月蝕である。

十億の世界が集まった大千世界

さて、以上の五趣ないし六道に一つの太陽、一つの月、および星を加えれば、ほぼ一世界が構成される。一世界に一つの太陽、一つの月があることを考えると、一世界は現代風にいえば太陽系のごときものなのであろう。

一世界が千箇集まったものが、小千世界である。小千とは一千のことである。現代風にいえば、小千世界は銀河系のごときものか。

次に、この小千世界が千箇集まると中千世界なるものができあがる。中千は二千

(dvi-sāhasra) とも言いかえられているが、間違えていけないのは、これは二〇〇〇ではなくて、一〇〇〇の二乗であるということである。結局、百万箇の世界である。

次に、この中千世界が千箇集まると大千世界なるものができあがる。大千は三千(tri-sāhasra) のことであるが、さきほどと同様に、この「三千」は三〇〇〇ではなく、一〇〇〇の三乗である。結局、十億箇の世界である。大千世界のことを三千大千世界ともいうが、これは「三千すなわち大千」箇の世界という意味なのだろう。そして、この三千大千世界はともに消滅し、ともに生成をくり返す、いわば運命共同体である。

では、この三千大千世界の外にはみ出た色界の二、三、四禅天界と、その上の無色界とは、空間と時間を超越しているのかといえば、必ずしもそうではないようだ。色界の二、三、四禅天界も広さをもつ。そして、そこに住む有情《うじょう》(生きもの) も寿命をもつからだ。では無色界はどうか。無色界は広さを持たない。空間を超越している。しかし、時間は超越していない。無色界の有情《うじょう》も寿命をもつからである (空無辺処では二万大劫、非想非非想処では八万大劫)。

また、このはみでた世界は、いくつあるのだろうか。『倶舎論』の文章によると、たった一つしかないようにとれるが、他の経典によるとそうではない。すなわち、小千世界は千の太陽から千の梵天界までをしか含まないが、中千世界になると、百万の太陽から百万の梵天界と、さらに千の二禅天界を含む。大千世界になると、十億の太陽から十億の梵天界、百万の二禅天界、千の三禅天界を含む（一二二ページ参照）。

仏＝ブッダはどこにいるのか

さらに、仏の居所はどこかという疑問もおきよう。「仏国土」はどこか。実は『倶舎論』（小乗）の宇宙論には、「仏国土」というのはない。それは大乗仏教の生みだした別の観念である。それでは、『倶舎論』の宇宙論では、仏はどこにいるのか。おそらく、無色界のさらに上にいるのであろう。古い須弥山図をみると、仏は無色界の上に描かれている。しかし、正しくは、無色界と同様、仏の世界も空間を超越していると考えるべきである。

ところで、いままで述べてきた欲界、色界、無色界をまとめて「三界《さんがい》」と呼ぶ。つまり、有情《うじょう》が生存しうる三種の世界である。「三界」は「全存在」「全宇宙」というような意味でよく諺に用いられる。「子は三界の首かせ」とか「(おんな) 三界に家なし」とかいうように。後者は男尊女卑の思想を表わし、また日本製の諺だろうが、仏教的（インド的）女性観でもある。

マヌ法典によれば、女性は独身時代には父に服従し、嫁しては夫に服従し、母となっては子に服従しなければならぬ定めになっている。なるほど法華経では、女性も男性に劣らず解脱《げだつ》の能力をもつとされてはいる。しかし、解脱のまえにいったん男性の姿に変らねばならないのである。

さて、三界のトップは非想非非想処天である。これは存在（すなわち「有《う》」）の頂点に位置する。だから、非想非非想処天のことを有頂天《うちようてん》ともいう。「有頂天」は「得意の絶頂」を意味することばとしてよく使われるが、しかし、実際には「有頂天になる」ことは、至難のわざと言わねばならない。

仏は三界をのぼりつめて、有頂天になり（この「天」という言葉がskyの意味ではなくて、godの意味であることは前にのべた）、さらに三界をも越えて、流転《るてん》の世界から脱けでたのである。「仏」という言葉は、インド語の「ブッダ」（buddha）の音訳である。意味は「覚者」である。「覚《さと》り」（「菩提《ぼだい》」bodhi）を得た人が「覚者」（buddha）である。「覚《さと》り」を得るのは、一般に容易ではない。俗に、人が死ぬと、「ほとけになる」というが、死んだだけではほとけにならない。地獄か餓鬼の世界に生れかわるだけである。

これはキリスト教についても言えることで、最近、交通事故などで死んだ父親に、子供が「天国にいるお父さま」と呼びかけるのがはやっているが、子供の夢をこわすようで恐縮だが、お父さんはおそらく天国へ行っていない。死んだだけでは天国へは行かない。覚りを得るにも、天国に入るにも、それ相当の努力や信仰心が必要なのである。

この仏が世界の迷える衆生《しゅじょう》（生きもの）の救済にあたる。そもそも仏が仏として世界にあらわれるのも、前世で仏にならんとの願を立て、かずかずの修行をつんだ結果である。一世界に一人ずつの仏が出現するとされる（三千大千世界に一人、という説もある）。インドに現われたシャカムニ仏《ぶつ》もそういう仏たちの一人である。

2 物質の根源 四大《しだい》と極微《ごくみ》

最も微細な物質

現代科学に宇宙論と並んで、原子論があるのと同様、仏教にも三千大千世界の説と並んで、元素説および原子説がある。いわば、極大の世界に対する極微《きょくび》の世界の説明である。ただし、三千大千世界の説は、主に『倶舎論』の「分別世品」という章にあるのに対し、元素説および原子説は『倶舎論』の「分別界品」という章にある。三千大千世界の説が、輪廻《りんね》の思想の基盤の上に展開しているのに対し、元素説と原子説は、おそらくそれと起原を異にするところから生れている。いま『倶舎論』の説を『大毘《だいび》婆《ば》沙論《しゃろん》』のそれで補って説明していこう。

元素説によると、すべての物質は、地、水、火、風の四元素からなる。この四元素のことを、仏教では、四大《しだい》または四大種《しだいしゅ》（大種＝mahābhūta）という。大というのは、これがすべての存在の基礎になるほど、大きな重要性をもつからである。四元素には、それぞれ特有の性質と活動能力とがそなわっているが、それを図式的に示すと次のとおりである。

―元素―	―性質（「性」）―	―働き（「業」）―
地……	かたい（堅）	……支える（持）
水……	しめっぽい（湿）	……とかしこむ（摂）
火……	あたたかい（煖）	……にる（熟）
風……	動かす性質（動）	……成長させる（長）

この図式で、地、水、火に対して与えられた性質と働きは、妥当なものと思われるが、風の働きとしての「成長させる」は、ちょっとわかりにくい。しかし、風は空気からできているから、呼吸のことを考えれば、たしかに「成長させる」、少なくとも

「生存させる」ことになるのかもしれない。

元素に対して他方に原子がある。仏典はこれを「極微《ごくみ》」（paramāṇu）という（元素説と原子説は一応区別しなければならない）。極微は「最小の物質であって、切ることも、壊すことも、取ったり、つかんだりすることもできない。長くも短くもなく、四角でも円でもない。分析することができず、見ることも、聞くことも、触れることもできない」。極微の原語であるparama-aṇuは「最も微細なもの」を意味するが、極微の説明の言葉の中には、ギリシア語のa-tom（分析できないもの）に相当するものがある。

極微の一つ一つは、変化と空間占拠（「変礙《へんげ》」）の性質をもたないが、これが多数あつまるとそのような性質を有するようになる。しかし、極微は単独では決して存在せず、常に集まった形で存在する。

四大が極微を構成する

ところで極微と四大の関係であるが、四大が集まって極微が存在している。地水火風のすべてが、一つの極微に含まれているのである。どうやら極微は物質的なものだが、元素はエネルギーのようなものかもしれない。しかし、地水火風はどの極微の中にも含まれてはいるものの、均等にはその結果を現わさない。したがって極微にも種類があることになる。

地大、水大、火大、風大は、そのまま、われわれの眼前にある、地、水、火、風のことではない。それらは「無見有対《むけんうたい》」、すなわち、目には見えずに空間を占める。この四大が極微を構成し、その極微が多数あつまることによって、はじめて、われわれの見る、あるいはわれわれの感じる、地、水、火、風、あるいはその他のもろもろのものが生じるのである。

こうして生じたもろもろのものには、固いものや、柔いもの、湿ったものや、暖かいもの、というようにいろいろなものがある。それは、そのものに、そのような性質をもつ原子が、特に多く含まれているからなのである。ただし、別の説では、どんなものにも四つの元素が、均等にまじっているが、そのうち特にある元素だけが勢力をもつと、その元素の性質がその物体の性質となるという。

四大そのものにも、種類があるという説もなされている。これによると、眼に感ずる世界をつくる一組の四大、耳に感ずる世界をつくる一組の四大、等々、十一組の四大があることになる(『婆沙論』第百二十七)。

極微が集まって物質ができる過程の第一歩は、七極微→一微塵である。七つの極微のうちの、一箇が核になり、他の六つがその四方および上下に並ぶ。インドでは仏教

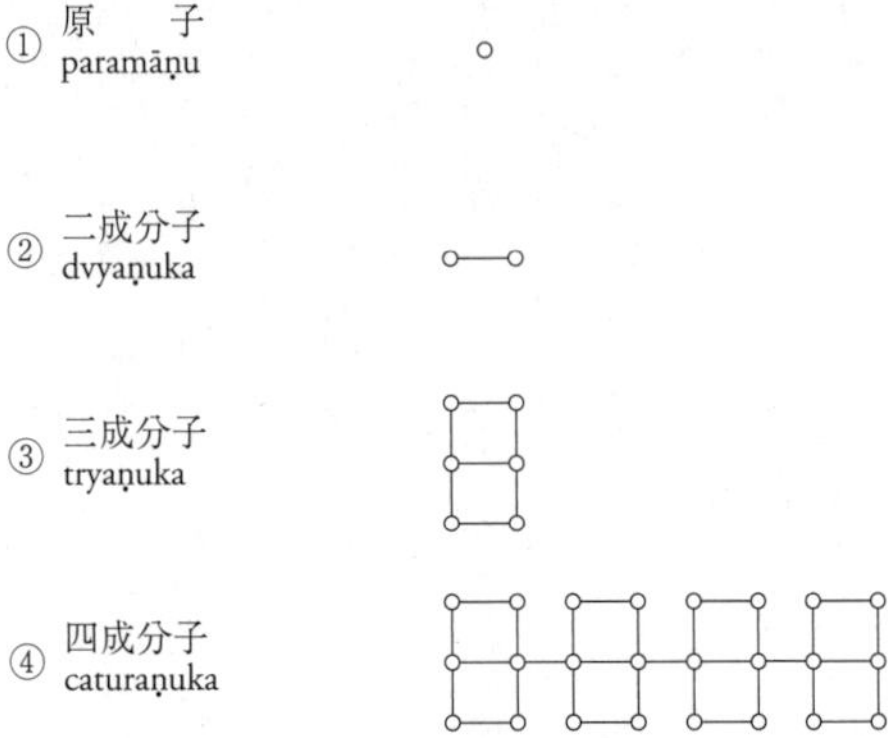

第13図　原子と分子の構造

以外にも原子説があって、たとえばヴァイシェーシカ哲学というバラモン系統の哲学では、原子から物体ができる過程を次のように説明している（Renou et Filliozat: *L'Inde Classique*, II, § 1495）。

　アトムは決して無限小ではない。もし無限小ならば、須弥山も、芥子粒も、どちらも無限数の原子から成ることになり、両者の大きさは等しくなってしまうからである。原子は「太陽光線内に見える埃」（trasareṇu）の六分の一の大きさである。二つの原子が集まって、一つの分子ができる。これが最初の複合体であって、二原子からなる粒子なので、「二成分子」（dvyaṇuka）という。次に、三つの「二成分子」が集まって、「三成分子」（tryaṇuka）ができる。これが、ちょうど「太陽光線内に見える埃」の大きさなのである。四つの「三成分子」が集まって、「四成分子」ができる（第13図）。こうして、次第に大きな粒子ができていって、われわれの知覚するもろもろの物体が出現する。これらの過程は「不可見力」（adṛṣṭa）と呼ぶところの力によって行なわれる（「二成分子」「三成分子」「四成分子」は筆者の訳語）。

四元素にさらに「空」が加わったものが五大である。のちには五大の説のほうが流行する。ついでに付記すれば、五大は密教によって、宇宙の本質を象徴するものと考えられた。そして、中国の五行説《ごぎょうせつ》に似た考えによって、一〇〇ページ上の表のように、配列され、これの造形的表現が石積みの五輪塔《ごりんとう》となった。ひとは死ぬと宇宙に還っていく。人体と宇宙は本来同じものである。そこで墓に五輪塔が建てられる。財力のないものは板塔婆《いたとうば》でまにあわせる（第14図）。

ギリシアの元素説

ところで、このようなインドの元素説や原子説は、ギリシア哲学から受けいれたものではないかと私は考えている。ギリシアでは、西紀前五世紀にエンペドクレスが地、水、火、風の四大元素を唱えているし、同じ西紀前五世紀にデモクリトスが原子説を唱えている。西紀前四世紀には、アリストテレスが元素説をうけて、一〇二ページに

五処	五形	五字	五大
頭頂……	團…(アーモンド型)	kha(キャ)〔虚空〕………………	空
眉間……	月…	h(etva)(カ)〔原因〕……………	風
胸……	三角…	r(aja)(ラ)〔塵介〕……………	火
臍………	円…	v(aktva)(ヴァ)〔言葉〕…………	水
膝………	方…	a(nutpāda)(ア)〔不生〕………	地

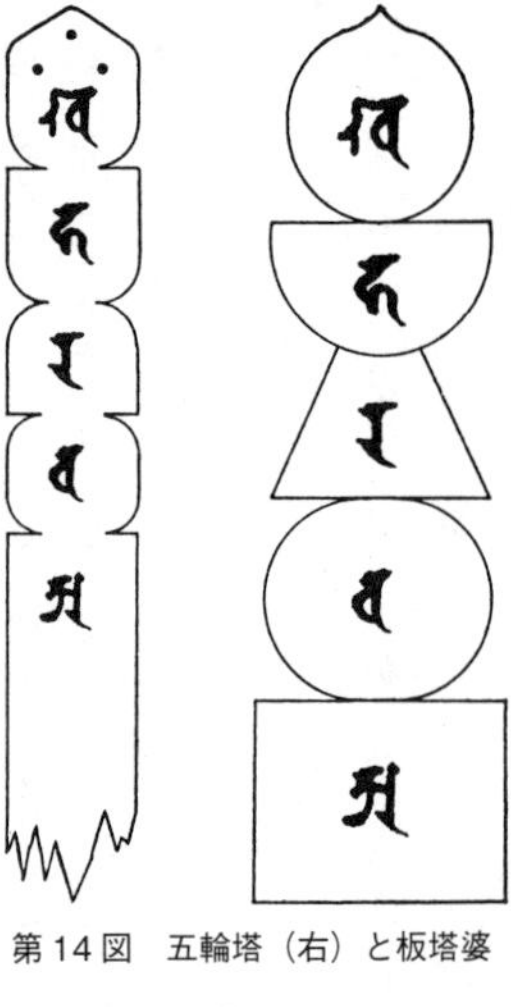

第14図　五輪塔（右）と板塔婆

示す図式のような議論を行なっている。

では、インドの元素説や原子説はいつ始まったか。仏典によれば、シャカと同時代（西紀前六、五世紀）にアジタとかパクダとかいう外道がいて、元素説を唱えていた。アジタは「地水火風の四元素のみが真実在であり、独立常住である。人間はこれらの四元素からできていて、死ぬと、人間を構成していた地は、外界の地の集合に帰り、水は水の集合に、火は火の集合に、風は風の集合に帰り、もろもろの器官の能力は虚空に帰入する」と説いた。

パクダは地水火風に苦、楽、生命を加えた七要素説をたて、「殺すものも、殺されるものもない。利剣《りけん》を以て頭を断つとも、これによって何人も何人の生命を奪うこともない。唯、剣刃が七要素の間隙を、通過するのみである」と唱えたのである（中村《なかむら》元《はじめ》『インド思想史』岩波全書より）。

こうしてみると、元素説に関しては、インドのほうがギリシアに一歩先んじているかのようにみえる。しかし、仏典というものは、長い年月にわたってつくられたもので、文字に固定されるまでには数々の新しい材料が加えられる。

いまの場合も、問題の仏典が——そしてヴァイシェーシカ学派の文献も——西紀前四世紀以後に固定したと考えれば、元素説がギリシアからインドに伝わったという推定も不可能ではないだろう。

次の図式は、アリストテレスの議論とヴァイシェーシカ学派の議論を示したものである。これに先にあげた九五ページの仏教の図式をも入れて比べると、みな互いに酷似しているのに気がつくだろう。個々の項目に違いはあっても、全体的な発想の点では、ほとんど軌を一にしているといえる。

	アリストテレス（感覚）	（運動）	（触覚）
地	触	下降	冷・乾
水	視	中間	冷・湿
火	嗅	上昇	熱・乾
風	聴	中間	熱・湿

	ヴァイシェーシカ哲学（色）	（業）	（触）
地	色味香触	重体	不熱不冷
水	色味触	重体	冷
火	色触	上昇	熱
風	触	水平	不熱不冷

傍点は代表的な性質

地水火風の四元素に空が加わったものが、五元素説（五大種説）である。デモクリトスも「空間」を考えたが、それは四元素が活動する場としてであって、元素の一つとしてではなかった。ところが、インドでは「空」も元素の一つとされた。しかし、「空」が地水火風と同列におかれるのは、少し無理のような気がする。このへんに、インド人がギリシア哲学を真似して、誤ったと考えうる余地があると思われる。

仏教の五輪塔にもギリシア哲学の影響が考えられる。プラトンはその著『ティマイオス』で正多面体について論じている。それによると正多面体は五個あり、また五個しかない。それを図示すると次ページのようになる。プラトンはこれに四元素（火、空気、水、地）を配当しているので、それも付記しておく。かれはまた四元素を左表のように「重いものから軽いものへ」と下から順に配列している。五輪塔の最上部は團形で、元素とは性質の異なる「空」を象徴するが、プラトンでは正十二面体が「神の特別使用に供せられるもの」として四元素とは別扱いになっている。拙論「五輪塔とプラトンの多面体」『春秋』二〇〇三年十二月号、もしくは〝pundarika のブログ〟「プラトン、アリストテレス、インド」参照。

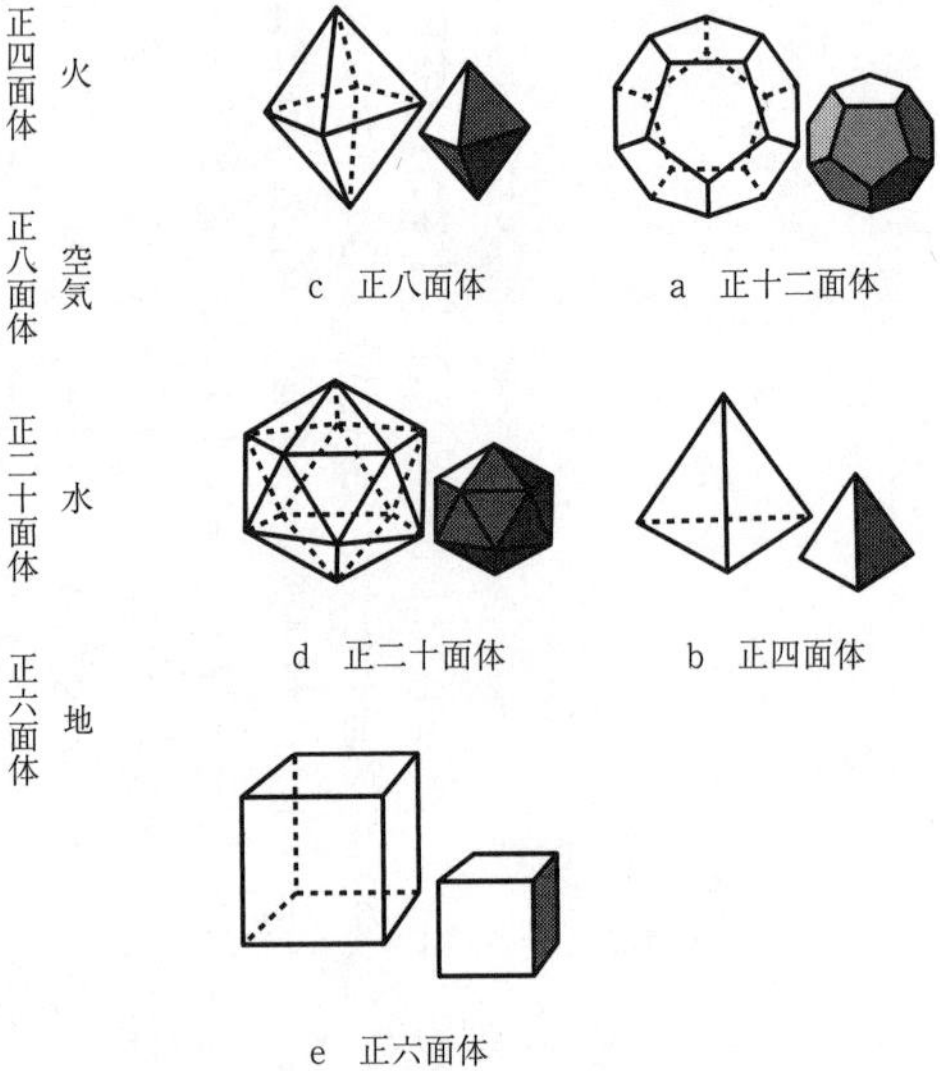

第15図　正多面体と四元素

4章　仏教宇宙観の底を流れるもの

両界曼荼羅（胎蔵界）〔京都・教王護国寺〕

1　時間と人生

刹那は七十五分の一秒

仏教思想は一般に厭世的な色彩にいろどられている。そのことは特に、時間に対する仏教の考え方のうちに、現われていると思われる。無限にくりかえされる生と死——これが人をやりきれぬ思いにおいやるのである。そこで、この特徴的思想について語りたいのだが、そのために時間の単位と生活上の時間とについてのべておこう。

時間の単位は小さいほうから——、

刹那《せつな》	kṣaṇa		（$\frac{1}{75}$秒）
怛刹那《たんせつな》	tat-kṣaṇa	〔百二十刹那〕	（$1\frac{3}{5}$秒）
臘縛《ろうばく》	lava	〔六十怛刹那〕	（1分36秒）
須臾《しゅゆ》	muhūrta	〔三十臘縛《ろうばく》〕	（48分）
昼夜	aho-rātra	〔三十須臾〕	
月	māsa	〔三十昼夜〕	

年　saṃvatsara　〔十二カ月〕

（　）内の時間は、昼夜を規準に逆算したものである。つまり、須臾はだいたい時《じ》にあたり、臘縛は分にあたり、怛刹那は秒にあたることになる。刹那はわれわれが持たない、さらに小さい時間の単位ということになる。

ところで、時間の最小単位である刹那については、別の方面からの説明がある。刹那とは「諸縁が和合するとき法の自体を得るだけの期間」、つまり、いろいろな条件がそろって、ある存在が生じるときの時間である。

他の文献（『大毘婆沙論』）には「二人の成人男子が、何本ものカーシー産絹糸をつかんでひっぱり、もう一人の成人男子が、シナ産の剛刀でもって、一気にこれを切断するとき、一本の切断につき、六十四刹那が経過する」という説が紹介されている。カーシー産の絹糸は、非常に細いものらしいから、これを一つかみすると、何百本、何千本となるだろう。これを一気に切断したとき、その何百本、何千本に六十四をかけた数の刹那が、経過するというのだから、一刹那の時間の短さは相当なものである。

「劫」という時間

次に、昼夜の上の単位をみよう。月は三十昼夜（「昼夜」はわれわれの「日」より正確な表現である）となっているが、実は二十九昼夜の月もある。インド人も一月が実際には二十九日半ぐらいであることを知っていたのである。ちなみに、現代の天文学では、朔望月《さくぼうげつ》、すなわち満月から満月までの精密な時間は、平均二十九日十二時間四十四分二・八秒となっている。

年はこれらの月が、十二あつまったものであるから、

30×6＋29×6＝354

で、三百五十四日からなる。

『倶舎論』の時間の説明のくだりでは、単位は右にあげたもので終りになっているが、実はこの上に巨大な単位をつけ加えることができる。すなわち、劫《こう》（kalpa）である。劫（＝劫波）は音訳であって、意訳すれば「大時《たいじ》」となる。

一劫とはいったいどのくらいか。あまりに長くて、年をもっては計算できない。囲碁で「劫」というのがある。二人の対局者が、交互に無限に同じ石を、とりあうような場面のことである。囲碁ではそれではきりがつかなくて困るから、Aが打った石をすぐBがとることは許されない、という規則をもうけている。そうでもしなければ、

碁は永遠に続くであろう。

一劫がどのくらい長い時間であるかを、仏典は譬喩《たとえ》でもって示している。芥子劫《けしこう》という譬喩によると、一辺一由旬（一由旬＝約七・四キロ）の立方体をした城の中に、芥子粒をみたし、百年に一粒ずつ取り出して、全部おわっても、まだ一劫は経過しない。磐石劫《ばんじゃくごう》という譬喩によると、一辺一由旬の立方体をした固い大石があり、カーシー産の綿ネル（karpāsa）でもって百年に一度さっと払い、石が磨滅して消滅するまで払いつづけても、一劫はまだ終らない。

これらは『雑阿含《ぞうあごん》』の説だが、綿ネルの代りに天人の衣（とても軽い）をあげる仏典もある。このように気が遠くなるような長い時間（劫）も、次の大劫や六十四転大劫に比べれば、かけらのような時間にすぎない。

大劫（mahākalpa）というのは、劫が八十あつまったものである。大劫に対してふつうの劫を、小劫または中劫（いずれも antarakalpa の訳）ということがある。大劫と中劫が対で言及されるとき、このほかに小劫があるわけではない。大劫の構成要素を「中」（antara、英語 interior）といっているのである。また、六十四転大劫というのは、大劫が六十四あつまったものであるが、これについては一一二ページを参照されたい。

このように大劫は、実に長い時間である。六十四転大劫はさらに長い時間である。

だが驚いてはいけない。そのような長い時間もごみのようにみえてくる巨大な時間があるのである。それを「三阿僧祇劫《さんあそうぎこう》」という。「阿僧祇」というのは、一、十、百、千と数えていって、六十番目に現われてくる数位名である。つまり10^{59}のことである。「阿僧祇」(asaṃkhya)の意訳は、「無数」であるが、これは決して「無限の数」という意味ではない。「三阿僧祇劫」は、3×10^{59}劫のことである(10^{59}の三乗劫ではないことに注意)。この場合の劫は、大劫とされるが、中劫であるという説もある。このような大きな時間が何のために論ぜられるかというと、仏の修行の長い長い時間を表わすためである。

季節変化と暦

以上で時間の単位をのべた。このうち、日、月、年はひとびとの生活に深く密着し、ひとびとの生活のリズムを強く規制する。仏教僧にとっては、六斎日《ろくさいにち》(月に六回の精進日《しょうじん》)や安居《あんご》(雨期のこもり)は、宗教生活の重要な項目となっている。では、彼らはどのような暦をもっていただろうか。

彼らの暦は太陰暦である。一カ月は満月にはじまり、満月におわる。そして、一カ月は満月から新月までの前半と、新月から満月までの後半とからなる。前半を黒分《こくぶん》と呼ぶが、それはこの期間が、たいてい「月のない夜」である（すなわち、月は夜半すぎに出てくる）かららしい。後半を白分《びゃくぶん》というのは、この期間は、宵のうちに夜空に月をみるからである。

一カ月を十五日ずつの、二つにわけるから、彼らの日付は「黒分の四日」とか、「白分の十五日」とかになり、十六日とか三十日とかいう日付がない。しかし、詳しくいうと、黒分（前半）が十四日しかない月もある。このような月は前半、後半あわせて二十九日となり、いわゆる小の月となる。小の月と大の月は交互にくりかえす。これは一朔望月が約二十九日半であることからの当然の帰結である。

月の名は星宿の名にちなんでつけられている。つまり、ある月の満月が「すばる」(kṛttikā) のところに出ていれば、その月を「すばる月」(kārttika) と呼ぶのである。ここまでは、もっぱら月の周期的変化が、暦の作成を導いている。

ところが、インドにはインドなりの季節の変化がある。つまり、太陽の運動にもとづく周期的変化がある。仏教徒はその季節を、寒際《かんざい》、熱際《ねつざい》、雨際《うざい》の三つとし、仏教徒以外のインド人は漸寒《ぜんかん》、盛寒《せいかん》、漸熱《ぜんねつ》、盛熱《せいねつ》、雨時《うじ》、茂時《もじ》の六つとする。

月による周期と太陽による周期は、どのように関係しているか。これからあとは『大唐西域記』の記事によって説明をつづけよう。この記事によれば、最初の季節は寒際でなく、熱際である。そして、三つあるいは六つに分ける季節区分のほかに、春夏秋冬に分ける季節区分をもつけ加えている。しかし、これはインドの実情には、おそらくあわない区分であろうし、実際に用いられたかどうか疑わしい。また、この記事は唐の暦との関連をも述べている。これらを一一四ページの表にあらわしてみよう。

ところで、インドの月がわれわれの太陽暦とどう関係するかを知りたい。『倶舎論』の中に次の記事がある。

雨時の第二月の
後の第九日より夜が長くなる。

雨時の第二月というのは、表の六番目の婆羅鉢陀《ばらはつだ》月である。「後の第九日」というのは、白分の第九日、つまりわれわれ風の数え方でいえば、婆羅鉢陀月の二十三日である。「夜が長くなる」というのは、夏至から始まる現象をいうのか、秋分から始まる現象をいうのかよくわからないが、どちらにしても、それが婆羅鉢陀月から始まると考えるのには無理があるようである。当時の暦は制呾羅《せいたら》月が春分を含む月だったからである。制呾羅月を春分に合わせると第16図ができる。唐暦の対照に疑問があるの

で、正しい月名を括弧つきで加えておく。［補注3］

太陰暦と太陽暦のずれ

インドの月の表とわれわれの月と、だいぶずれているような気もするが、太陰暦というものは、太陽暦の中を半月から一カ月ぐらいは二、三年で移動してしまうものである。『倶舎論』（五世紀）や玄奘の記事（七世紀）が、われわれの暦に完全に一致しないのは、当然かもしれない。

だが、いったい仏教徒は太陰暦と太陽暦のずれを、どのようにあつかったのだろうか。『倶舎論』にも『大唐西域記』にも説明がないが、閏月《じゅんげつ》がおかれたことはまちがいないだろう。なにしろ彼らの太陰暦では、十二カ月（三百五十四日）が三回くりかえされると、太陽暦と約一カ月のずれがでてしまうのだから、いま制咀羅《せいたら》月が、熱際の冒頭にあるとしても、三回さきの制咀羅月は、実際の終りにやってくることになってしまう。

しかし、僧侶にとっては、宗教生活のリズムをまもるため、純太陰暦が優先したのかもしれない。布薩《ふさつ》という大事な行事が行なわれるのは、満月、新月、およびその中間の日と決められていた。

三時	六時 (ṛtu)	四時	唐		グレゴリオ暦
熱際 griṣma	漸熱 vasanta	春	一月（二）	春分	3
			二月（三）		4
	盛熱 griṣma		三月（四）		5
		夏	四月（五）		6
雨際 varṣa	雨時 varṣa		五月（六）		7
			六月（七）		8
	茂時 śarad	秋	七月（八）		9
			八月（九）		10
寒際 hemanta	漸寒 hemanta		九月（十）		11
		冬	十月（十一）		12
	盛寒 śiśira		十一月（十二）		1
			十二月（一）		2
			一月（二）		3

1	Caitra	制　呾　羅	黒 白
2	Vaiśākha	吠　舎　佉	*黒 白
3	Jyaiṣṭha	逝　瑟　吒	黒 白
4	Āṣāḍha	頞　沙　荼	*黒 白
5	Śrāvaṇa	室　羅　伐　拏	黒 白
6	Bhādrapada	婆　羅　鉢　陀	*黒 白
7	Aśvayuja	頞　湿　縛　庾　闍	黒 白
8	Kārttika	迦　剌　底　迦	*黒 白
9	Mārgaśiras	末　伽　始　羅	黒 白
10	Pauṣa	報　沙	*黒 白
11	Māgha	磨　袪	黒 白
12	Phālguna	頗　勒　窶　拏	*黒 白

*印は14日しかない。

第16図　インドの暦と唐の暦とグレゴリオ暦の比較

月（暦の月）を示す言葉 māsa は、「測る」mā というインド・ヨーロッパ語共通の語源からきている（英語の measure, month など参照）。農業者ならともかく、宗教者なら、時間を測るには月が一ばん手ごろな尺度と考えたにちがいない。

ただし、安居《あんご》は季節の変化を無視しては成りたたない。安居というのは、激しい雨のふる季節の三カ月間、一カ所にこもることであるが、これは室羅伐拏《しつらばな》月から頞湿縛庾闍《あんしつばくゆじゃ》月までの三カ月間、あるいは婆羅鉢陀《ばらはつだ》月から迦剌底迦《からつてぃか》月までの三カ月間とされる（このように安居の期間に二種類あるのは、その年の気候や暦や土地によって差が現われるからである）。月名と安居が結びつけられている以上、他方では、仏僧はインド一般に行なわれていたにちがいない置閏法《ちじゅんほう》に従っていたのだろう。

ところで、この暦のくだりは仏教の宇宙観としては、意外に現実的であるという印象を与えるであろう。仏教の空想的な宇宙観には、ときとしてこのような実際的な知識がまじる。仏者も現実生活を離れることはできないからである。

しかし、そのような知識は一見して輪廻の思想とは、別のところに由来することが感じられる。

2　宇宙の生成と消滅

宇宙は四つの変化をくりかえす

宇宙は、四つの段階を一周期とする変化を、永遠にくりかえす。どの段階も二十中劫（中劫は単に劫というのに同じ）の長さからなり、四段階を一周するには八十中劫（すなわち一大劫）かかる。四段階とは、消滅しゆく時期（壊劫《えごう》）、消滅した状態のつづく時期（空劫《くうごう》）、生成しゆく時期（成劫《じょうごう》）、生成して存在しつづける時期（住劫《じゅうごう》）である。この一周の説明を壊劫から始めるのが、いかにもインド的である。一カ月を満月から起算するのと軌を一にしているようだ。

(1)壊劫において、宇宙は地獄から壊れはじめる。まず地獄から生きものが姿を消し、まったく生きものがいなくなったとき、地獄という場所そのものがなくなる。次に、餓鬼、畜生についても同じことがおこる。次に人間は、このうちの一人が初禅天界に生れかわって、「離生喜楽《りしょうきらく》は楽し」というのをきっかけに、みな三昧に入って初禅天界に生れかわる。次に天たちは、このうちの一人が二禅天界に生れかわって、「定《じょう》生《しょう》気楽《きらく》は楽し」というのをきっかけに、みな三昧に入って二禅天界に生れかわる。

こうして、もはや世界をつくる衆生の業が、存在しなくなったとき、七つの太陽が現われて、風輪、水輪、金輪、須弥山、四洲、梵宮を焼きつくしてしまう。梵宮は初禅天界の最高所にある宮殿である。

ところで、地獄、餓鬼、畜生が消滅しおえた時点で、人間界の中の悪人は「もう何をしても大丈夫。いまいる所より下の世界へ落ちることはなくなったのだから」と手をうって喜ぶかもしれない。また、消滅まぎわの地獄にやってきた罪人も、苦しみが短縮される、といって喜ぶかもしれない。だが、それはぬかよろこびである。『倶舎論』に言うとおりならば、まだ報いを受け足らない地獄の生物は、他の宇宙（おそらく彼の所属する三千世界の外にある世界）の地獄へ業力によって移されるのである。

(2)このあと、空劫が二十中劫つづく。

(3)空劫が終ると、成劫が始まる。まず、「もろもろの有情の業の増上力によって」微細なる風が動きだす（この有情というのはどこにいる有情のことだろうか）。これから風輪ができ、次に水輪、金輪、大地、四洲、須弥山などが生ずる。宮殿や居住の場が、すべてもとの如くにできあがると、壊劫のときに二禅天界に避難（？）していたものたちが、下の世界へ生れかわってくる。

あるものたちは梵宮へ、あるものたちはもっと下の他化自在天や楽変化天の場所に、あるものは倶盧洲、牛貨洲、勝身洲、贍部洲、また、畜生、餓鬼、地獄へというふうに。こうして有情が上から下へすみずみまで満ちわたったとき、成劫が終る。成劫のあいだ、人間の寿命は「無量」であるという。

(4)次に住劫が始まる。住劫においては、成劫において生成しおえたものが、存在しつづけるだけである。ただし、人間の寿命の長さに変化がある。住劫二十中劫のうち第一の中劫において、最初「無量」の寿命が最後に十年になる（「減劫《げんごう》」）。第二の中劫には逆に寿命が延びはじめ、八万年に達して、また下降し、十年となる（「増《ぞう》・減《げん》劫《ごう》」）。この第二の中劫の寿命の変化は、第三から第十九の中劫までくりかえされる。第十九の中劫の終りで十年になった寿命は、第二十の中劫で上昇してその終りに八万年になる（「増劫《ぞうごう》」第17図参照）。

小の三災と大の三災

もう一つ住劫を特徴づけるものに、「小の三災」がある。「小の三災」というのは、後にのべる「大の三災」に対していうのである。「小の三災」とは刀疾飢《とうしつき》、つまり、戦争、疫病、飢饉である。住劫のある時期に、必ずこれが起るとされるのだが、その時期に関しては、だいたい二種の説がある。一つは、住劫（二十中劫からなる）の中

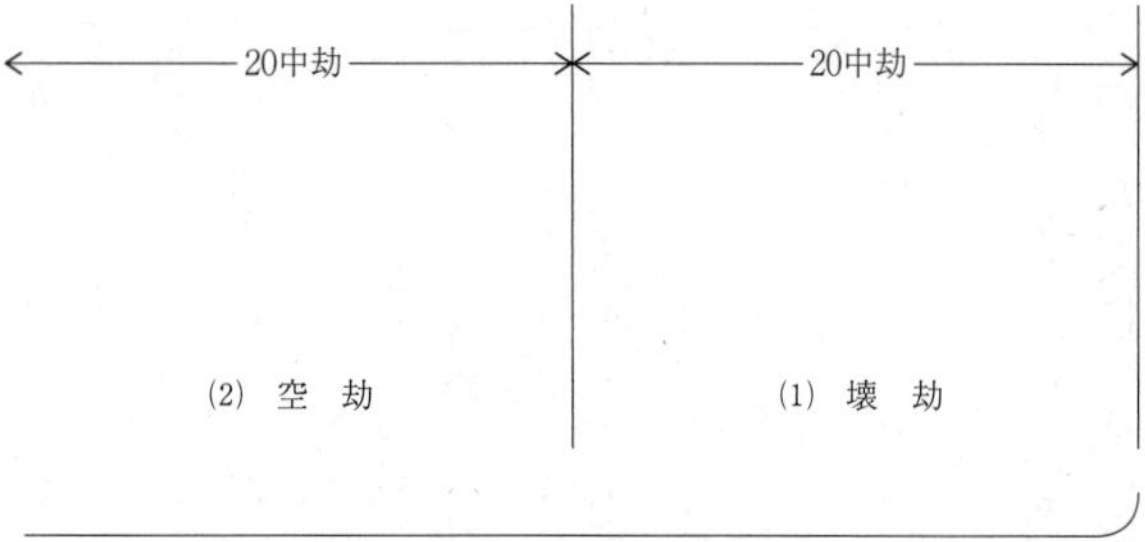

劫ごとに、人間の寿命が十歳になった時点で、三災が連続して起るとする説である。

　まず、戦いが七日七夜つづく。それが終るとひきつづいて流行病が七月七日七夜つづく。それが終るとひきつづいて飢饉が七年七月七日七夜つづく。

　もう一つの説では、各中劫には一種類の災いしか起らない。つまり、第一中劫において、人間の寿命が十歳になった時点で、流行病が起り、第二中劫において、人間の寿命が十歳になったとき、兵火が起り、第三中劫において、人間の寿命が十歳になったとき、飢饉が起る。以下はこれの繰りかえしで、いずれの場合も七日つづく。この説によると、われわれは

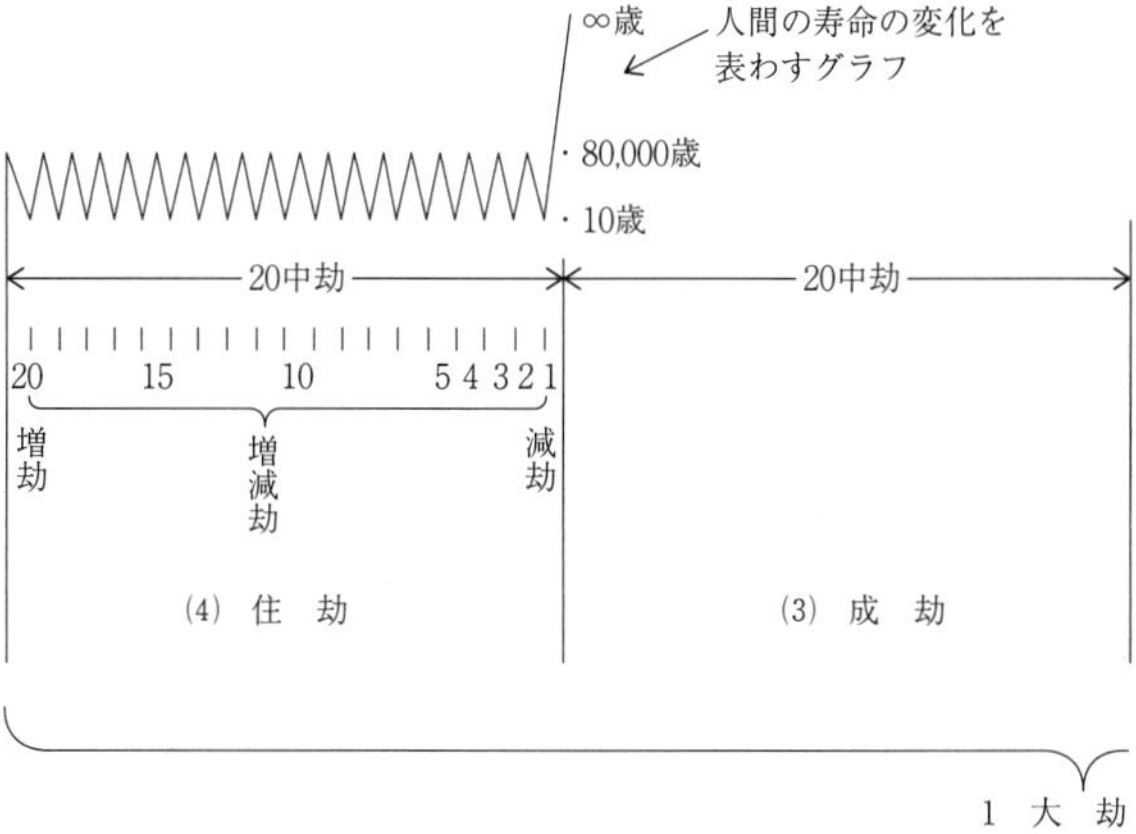

第17図　宇宙の変化は、4段階からなる1周をくりかえす

いま第九中劫の減劫のところにいるのだそうであり、従っていずれ大飢饉が起るという。

こうして、宇宙の壊《え》・空《くう》・成《じょう》・住《じゅう》の一周が完結する。この一周が要する時間（八十中劫）を一大劫（mahākalpa）という。

一大劫に一生滅をくりかえす世界は、初禅天界以下（すなわち大梵天界以下）の世界である［補注4］。では二禅天界以上に登った生物は、安全であろうか。そうではないのである。次の第18図をみてほしい。世界を滅ぼす災いに火、水、風の三種の災い——これを大の三災という——があって、一大劫ごとに一生滅を引きおこす災は火災にすぎないのである。

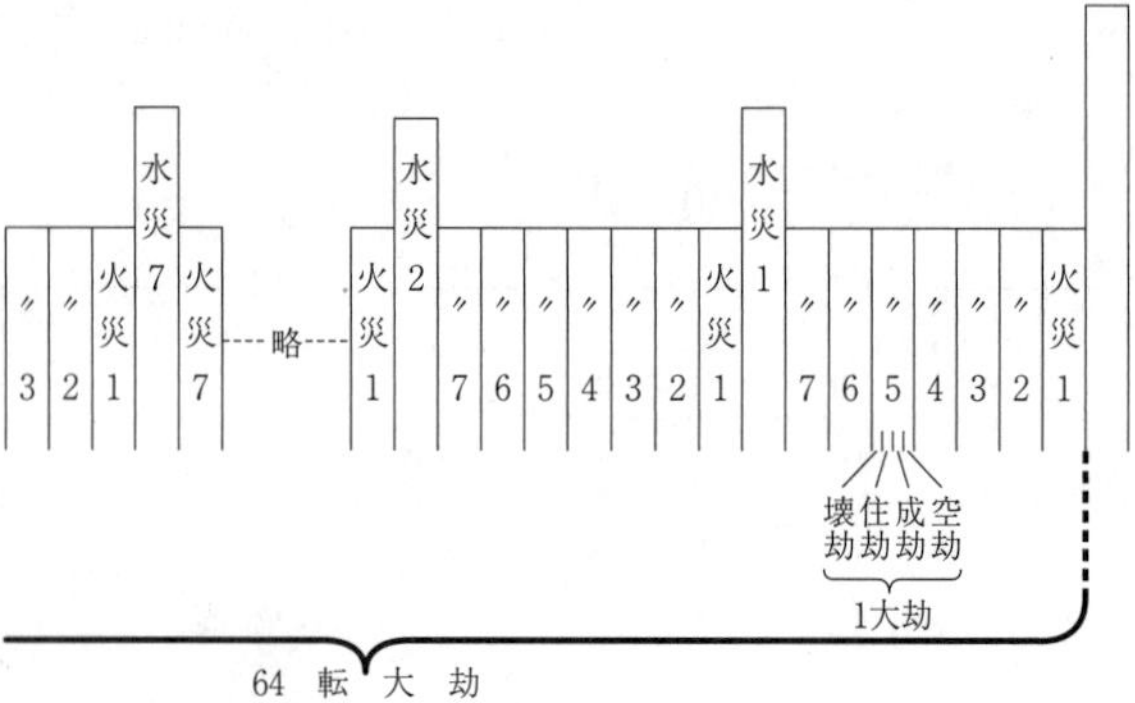

それは前にも述べたとおり、七つの太陽による火災である。

ところが火災より恐ろしいのが水災である。これは火災が七度おこって、つまり一大劫を七度経過して、次の壊劫がめぐってきたときに起り、二禅天界以下をことごとく破滅させる。

水災より恐ろしいのが風災である。これは、水災が七度おこって、さらに七回の火災を一度くりかえして、次の壊劫がめぐってきたときに起り、三禅天界以下を破滅させる。この風災が一めぐりする周期は、六十四の大劫であり、この周期を六十四転大劫と呼ぶ。こうして三禅天界以下は、所詮は破壊の対象である。だから四禅天界以上に登って初めて、安全といいうるのである（九一～九二ページ参照）。

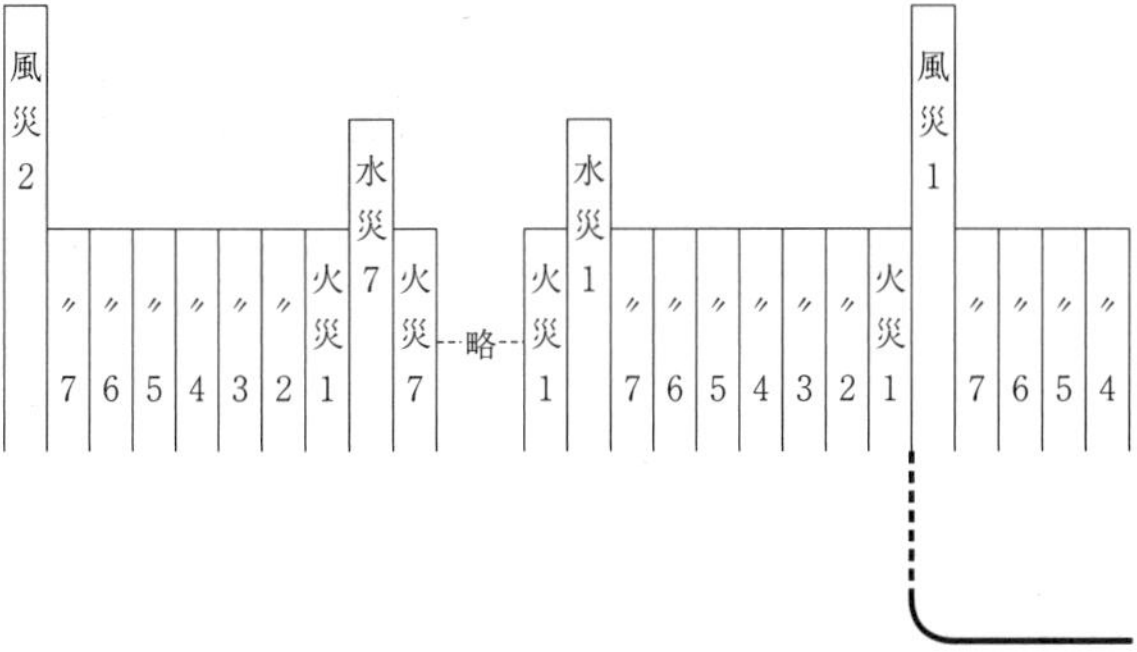

第18図　大の三災と六十四転大劫の関係

仏教の末法思想と宇宙観

　仏教宇宙観によると、われわれはいま人間の寿命が、百歳にまで低下した時代に生きている。人間の寿命は今後ますます低下をつづけるはずである。このようにわれわれが悪化しつつある時代の中に生きているとする思想は、古代においては珍しくはない。ヒンズー教徒においては、クリタ・ユガ（百七十二万八千年間）、トレータ・ユガ（百二十九万六千年間）、ドヴァーパラ・ユガ（八十六万四千年間）、カリ・ユガ（四十三万二千年間）の四段階からなる一周（これを一チャトル・ユガという）が、永遠にくりかえされる。

　われわれは最も劣悪な時代であるカリ・ユガの中にいる（アル・ビールーニーによると、カリ・ユガは西紀前三一〇二年二月十八日に開始した)。古代ギリシアにも金銀銅鉄で象徴される時代区分がある。仏教の末法思想も同じ考え方のあらわれである。これによると、仏の教えが次第に形骸化していく過程が三つの時期に分けられる(「三時《さんじ》」という)。第一の正法《しょうぼう》時では、仏の教法(「教《きょう》」)、修行者の実践(「行《ぎょう》」)、解脱の獲得(「証《しょう》」)が三つともそろっている。第二の像法《ぞうほう》時には、仏の教法と修行者の実践とだけあって、解脱の獲得が不可能になってしまう。最後の末法時においては、仏の教法しか残っていない。

そして、一説によれば、シャカ滅後、正法は五百年、像法は千年、末法は一万年つづくことになっており、一説によれば、正法は千年、像法は千年、末法は一万年つづくことになっている(他の説もある)。

シャカは西紀前五世紀または四世紀に死んだのだが、シャカの教えはまもなくすたれはじめたらしく、仏教徒は早くから危機感を抱いた。そのためにであろう。三時の説をもうけて、自分らがすでに、像法あるいは末法の時代に入ったということを、盛んにいいたてたのである。そのとき、彼らは、自分らがちょうど末法時に入ったところだと思いたいため、シャカの入滅年代と、自分たちの生存年代との間隔が、ちょうど合うように、三時の時間の長さをめいめい案配したのである。

このように、われわれが悪化しつつある時代にいるということと、宇宙にはかずかずの災難がおとずれるという考え方が、仏教宇宙観に悲観的な色彩を与えている。しかし、これこそ仏教宇宙観の本質的特徴であって、だからこそまたこの宇宙観には、救いが必要とされ、仏の出現が説かれるのである。

一大劫に一回だけ出現する仏

仏の出現する時期は限られている。すなわち、住劫中の減劫のとき、しかも人間の寿命が八万年から百年までのあいだである。増劫に出現しない理由は、このときは衆生はだんだん寿命ものび、栄えゆく世の中にいるので、楽しんでばかりいて、仏の教えを聞くような態勢にないからである。また、減劫のうち人間の寿命が百歳から十歳までのときに、仏が出現しない理由は、衆生が余りにも低劣になりすぎて、仏の教えを聞く能力を欠いているからである。

この低劣な時代を五濁悪世《ごじょくあくせ》という。五種の汚濁が世界に瀰漫《びまん》しているからである。その汚濁（kaṣāya）とは、㈠寿命が短いこと（寿濁）、㈡自然環境が悪化すること（劫濁）、㈢衆生が快楽ばかり追求すること（煩悩濁）、㈣宗教者が行きすぎた苦行に専念すること（見濁）、㈤衆生の心身の活動や能力が低下すること（有情濁）である。

では、減劫寿命八万年から百年までのあいだに、絶えず仏が出現するかといえばそうではない。「一世界に一仏」という言葉に照らしてみれば、一大劫（成劫、住劫、壊劫、空劫）に一度きりらしい。一世界は一大劫で消滅するからである。しかも、寿命八万年から百年までの時期というのは十九回（住劫の二十中劫のうち初めの十九中劫にある）ある。仏の出現はそのうちのどの回になるかわからない。われわれはたまたま人間に生れ、その回にめぐりあわしたわけである。すなわち、シャカムニの出現に。そのシャカムニも八十年しか生きてくれなかった。だから、われわれは、シャカ自身にではなく、その教えにしか接していないわけである。しかし、それだけでも大したものである。

こう考えてみると、仏に逢うということが、どんなに「有り難い」こと（すなわち、希なできごと）であるか、理解できるであろう。「盲亀《もうき》浮《ふ》木《ぼく》のたとえ」というのがあるが、これは人間に生れ、仏法にあうことを、大海で目のわるい亀が百年に一ぺん海中から頭をだし、流木の孔に頭をさし入れることの難しさにたとえたものである。仏がこのように希にしか、世に現れれぬのにも理由がある。それは、衆生に、仏に逢うことの貴さを教え、修行の心を励ますためである。

しかし、賢劫《げんごう》説によると、もっとたくさんの仏が現われることになる。その説によると、過去に荘厳劫《しょうごんごう》というのがあり、現在は賢劫《げんごう》の途中で、未来に星宿劫《しょうしゅくごう》というのがあり、それぞれ千仏を輩出することになっている。その千仏の名を記した経もできている。この三種の劫といままで述べてきた劫との関係がよくわからないが（『倶舎論』にはこの三種の劫はない）、賢劫はどうやら住劫に等しいとされているようだ（望月仏教大辞典、九四〇ページ下）。すると、一住劫に一仏どころか、千仏が現われることになる。

シャカの次には弥勒が出現する予定になっている。いまは修行中の身（菩薩）だが、いずれ仏となってこの世に現われる弥勒は、シャカの救いにもれた人びとの待望のまとである。だが彼が出現するのはシャカ滅後、五十六億七千万年経過したときである。

3　業《ごう》と輪廻《りんね》

六道輪廻の考え方

仏教宇宙観の底を流れているものは、業と輪廻の思想である。これらの思想が、この宇宙観の生みの親といっても、いいかもしれない。これはあきらかに宗教的宇宙観であって、今日の科学的宇宙観のように、人間の存在を離れても意味をもつような宇宙観ではない。仏教宇宙観がなんのために説かれているかといえば、まさに人間存在

善道↑
上……天
中……人間
下……阿修羅

悪道↓
上……畜生
中……餓鬼
下……地獄

の業と輪廻の姿を明かにするためなのである。
「輪廻」(saṁsāra) という言葉は、迷える世界での生死のくりかえしを意味する。原語の意味は「ともに流れること」であって、水にほんろうされて押し流される衆生の姿を表わしている。

生死のくりかえしは、五種あるいは六種の生存状態のあいだで行なわれる。『倶舎論』では、衆生の赴くところとして、「五趣《ごしゅ》」(五つの生存状態)、すなわち、地獄、餓鬼、畜生、人間、天の五つをあげる。『倶舎論』は「説一切有部《せついっさいうぶ》」という部派に属する書物である。ところが仏教のうちでも他の部派は「六道《ろくどう》」(六つの迷える境界)、すなわち、地獄、餓鬼、畜生、人間、阿修羅、天の六種類の世界をあげる。この二つの説は互いに他の説を斥けようとしている。

『大毘婆沙論』いわく、「他の部派の人たちは阿修羅をいれて六にするが、このような説はなすべきではない。経にただ五趣の説しかないからである」

『大智度論』いわく、「仏は、はっきり五道とはいわなかった。五道というのは、説一切有部の説である。ヴァートシープトリーヤ部の僧たちは、六道の説をなしている」

いずれにせよ、後世に流行したのは六道のほうであって、「六道輪廻」の言葉は、人口に膾炙《かいしや》している。『大智度論』によると、六道を三つずつにわけ、一方を善とし、他方を悪とし、それぞれ上中下の三段階にわける。前頁右上のとおりである。

地獄、餓鬼、畜生が迷える存在であることは誰にでも納得できよう。阿修羅は善道に入れられているが、これもむしろ迷える存在であることはすでにみたとおりである。人間もまた迷える存在である。不浄観といって、人間がいかに汚ない存在であるかを、人体の排泄物や内臓などを思い浮べることによって納得する方法がある（源信の『往生要集』にそのよい例がある）。

禅家の言葉でいえば人間は「くそぶくろ」なのである。神々もまた迷える存在である。彼らは六道のうちでは楽しい生活を享受しているほうだが、いまだ欲、怒り、無知（三毒）のとりこであって、いつ餓鬼道や地獄道に落ちるかもしれない。「福尽くれば即ち窮して、六道に輪廻してついに苦聚となる」（『過去現在因果経』）のである。神々も含めて、以上すべてが欲界の存在である。

「生れかわり」の思想はブッダの伝記にも反映している。仏は何度も前生をくりかえし、修行をつんで完成者として現われるのである。仏典のうちに前生物語（本生譚《ほんしようたん》、

Jātaka）というのがあるが、これは仏が前生でどのように数々の功徳をつんだかを述べたものである。それによると、仏は前生で猿や鹿になって生れたこともある。

衆生の業の力

ところで輪廻の思想とともに重要なのは、業の思想である。業はインド語カルマ（karma）またはカルマン（karman）の訳語であって、「行為」を意味するが、それとともにその行為のもつ影響力をもさす。行為といっても単に身体の行為だけでなく、言語行動と精神行動も含まれる（身口意《しんくい》の三業という）。また影響力というのも、単に一生のあいだにおこりうる影響力だけでなく、来世にまでつづく影響力も含まれる。

さらにこの業は、単に個人存在の運命を左右するだけでなく、生きものならぬ自然世界の運命にも作用を及ぼす。たとえば、宇宙の生成にあたって、まず微細なる風が胎動しはじめるが、それが胎動しはじめるのは「もろもろの有情の業の増上力によって」なのである。やがてできた水輪が四散しないで、一つの輪を形成しているのも、「一切の有情の業の力が支えているから」なのである。地獄をつくるのも、天界をつくるのも、衆生の業の力なのである。このような衆生の共同の業を共業《ぐうごう》という。

仏教徒にとって、業の教義は重要なものであった。次のような質問は、業に深い関心をもったものでなければ思いつかないだろう。「獄卒（naraka-pāla）は有情《うじょう》なりや否や」。つまり、地獄におち、餓鬼道に苦しむものなどはみな有情であるが、地獄で有情を苦しめる獄卒は、やはり有情が業によって生れかわったものなのか、という質問である。

『倶舎論』はこれに対する答えとして二つの説を紹介する。すなわち一説によれば、獄卒は有情ではない。では有情でないものがいかにして活動しうるのか、もろもろの有情の業の力によるのである。一説によれば、彼らは有情である。では彼らは、他の有情と同じく火に焼かれるのではないのか、いや彼らのからだは特別につくられているので火に焼かれないのである。彼らは地獄で悪事を行なって、その報いを同じ地獄でうける。

業に関して次のことを、はっきりさせておかねばならない。業の作用は自動的に働くということである。決して神のごとき裁定者の介入を必要としない。よい原因をつくれば、よい結果が生れ、悪い原因をつくれば悪い結果が生れる（善因善果、悪因悪果）。これは自然法的な法則なのである。自業自得という言葉があるが、これは自分がおこなった行為の結果を自分が受ける、ということを表わしている。だから、仏教では、「罰せられる」とか「地獄に落される」とか言わない。「報いを受ける」のであり、「地獄におちる」のである。まえにのべた「まだ苦を受け足りない衆生は他の世界の地獄へ移される」のもやはり自業自得なのである。

ゴーサーラの輪廻思想

インド思想史の研究者にとって、ある思想の起原がどこにあるかは、常に興味ある問題である。輪廻のように重要な思想の場合はなおさらである。しかし、そのような問題ほど曖昧模糊とした歴史の霧の中にかすんでいるものはない。私はいま輪廻の起原を論じようなどという企てはもっていない。これは余りにも大きなテーマである。ただこの項では、同時代のインドとギリシアにおける、仏教以外の輪廻の思想に、一べつを加えてみたいと思う。将来この問題を考える上での布石になるかもしれない。

バラモン教の古い文献『リグ・ヴェーダ』(西紀前十世紀ごろを中心に数世紀をかけて成立)には、輪廻の思想はほとんどみられないのに、新宗教発生の時代(西紀前六、五世紀ごろ)には、たいていの重要な宗教が輪廻の思想をもっていた。仏教、ジャイナ教、ゴーサーラの宗教がその顕著な例であり、バラモン教ではウパニシャッドという新しい文献の中にそれがみられる。いま、ここで、ゴーサーラの説をみてみたいと思う。ゴーサーラはいわゆる六師外道の一人で、次のような教説をもっていた。

「実に此等の百四十万、六千及び六百の生門あり。五百業、五業、三業、一業、半業あり。六十二行跡、六十二中劫、六階級、八人地、四千九百生活法、四千九百遊行者《ゆぎようしゃ》、四千九百竜土《りゆうど》、二千根、三千地獄、三十六塵界《じんかい》、七想胎《そうたい》、七無想胎、七節胎、七天、七人、七鬼、七湖、七山、七嶮、七百嶮、七夢、七百夢あり。八百四十万大劫あり。この間、愚者も賢者も流転し、輪廻して、苦の終を為すべし。この間には、『予は此戒行《かいぎよう》または浄行《じようぎよう》あるいは苦行もしくは梵行によって未熟業《みじゆくごう》を熟せしめむ。あるいは已《い》熟業《じゆくごう》より漸次脱せむ』（との希望の実現せらるること）なし。かくのごとく、枡《ます》によって量《はか》り定められたる楽と苦とが輪廻中に終に達することなし、またその盛衰なく増減なし。あたかも糸まりが投げられたるとき、（糸の）終るまで解くるが如く、愚者も賢者も流転し輪廻して苦の終を為すべし」（宇井伯寿訳）

生門とは生物の種類のことであって、ゴーサーラはアニミスティックな考えをもっていたらしいから、草木や種子、石や水にまで霊魂をみとめ、生物の種類として百四十万六千六百を数えるに至ったのであろう。行為(業)の種類にもいろいろある。五百くらいは当然数えられるだろう。五業以下の小さな行為は、特殊な活動をさすらしい。五業は、視覚にもとづく行動、聴覚にもとづく行動、嗅覚にもとづく行動、味覚にもとづく行動、触覚にもとづく行動らしい。

誕生から修行完成の八段階

三業は、からだによる行動、ことばによる行動、心による行動（身口意の三業）らしい。一業というのは、からだあるいはことばによる行動であり、半業はこころによる行動である。つまり、一業のほうはそれのみで完全な行動になるのに対し、半業のほうは、こころの中には生れたが、まだ現実化されていない行動、ということなのだろう。「行跡」は実践のこと。「中劫」はすでにのべた（一〇九ページ）。

六階級とは、黒階級、青階級、赤階級、黄階級、白階級、純白階級である。黒階級には漁師や盗賊など悪しき行為にたずさわるものが属し（漁師は殺生《せっしょう》を行なう）、青階級には仏教の比丘《びく》が属し、赤階級にはジャイナ教徒が属し、黄階級にはゴーサーラ派の信者が属し、白階級にはゴーサーラ派の比丘比丘尼《びくびくに》が属し、純白階級にはゴーサーラ派の三人の指導者――ゴーサーラを含む――が属する。

「八つの人地」というのは、人の誕生から修行の完成にいたるまでの「ひとの段階」を八つ考えたもの。生後七日間の無意識状態の段階、一歳ごろの笑ったり泣いたりする段階、その後の歩こうと努力する段階、以下、歩く段階、学ぶ段階、出家修行する段階、悟りをえる段階、完成して隠遁《いんとん》する段階、である。それからまた多種の「生活

「方法」があり、「遊行者」がおり、「竜の国土」がある。「根」は感覚器官や生殖器官のことであって、眼根、耳根、鼻根、男根、女根などがある。ただし、仏教やサーンキヤ哲学では、六根ないし十数根を数えるのが、普通であって、ゴーサーラが「二千根」で、何を考えていたかは不明である。

地獄の種類は三千もあり、「塵界」（汚れた場所？）のそれは三十六ある。「想胎」「無想胎」「節胎」、すなわち、考えることのできる生物、考えることのできない生物、昆虫には、それぞれ七種類ある。天、人、鬼にも七種類あり、湖と山にも七種類ある。嶮と夢には七百七種類ある。

生きものはこれらのあいだを輪廻する。仏教もここまでは同じ考え方をする。しかし、ゴーサーラの考え方によると、輪廻から脱するのに戒行や浄行などは役にたたない。未完成の善行を完成させ、すでになした悪行の影響を徐々になくして、輪廻から脱しようというのは、無意味な考え方である。人の運命は定まっている。投げられた糸まりが糸がほぐれ終るまでころがりつづけるように、人も修行しようがしまいが、一定期間は輪廻しつづける。修行の意義を認める仏教がこの考えを運命論（nyativāda）として斥けたのは当然である。

次にギリシアをみてみよう。まず、オルフェウス教の輪廻の思想が有名である。この教えによると、輪廻転生は罪によっておこる。そこで戒律を厳守し、生活を浄めて、霊魂を身体から解放しなければならない。その霊魂はディオニュソスへ復帰する。

有名なピュタゴラス（西紀前五七一―四九七）は、オルフェウス教の信者であり、教団をつくった。彼についてはこんなエピソードが伝えられている。あるとき彼が歩いていると、一人の男が犬をむちで殴っているのに出あった。彼は叫んだ。「やめなさい！　あなたが殴っているのは私の古い友人なのだ。彼はいま犬に生れかわっているのだが、私には彼の声がわかるのだ」

また元素論者エンペドクレス（西紀前五世紀）の言葉として、次のものが残されている。「父は姿を変えた愛児を釣上げ、これを殺す。しかも神に感謝を捧げながら、この大馬鹿者は。しかし彼等〔殺そうとする召使〕は、慈悲を求むる者を犠牲にするを思い惑う。されど父には〔犠牲者の〕叫びは聞えず、彼を殺したる後、家の中にて悪しき食事をととのう。これと同じく、息子は父を捕え、子供らは母を捕え、命を奪いて、親しき肉を喰ろう」。ひとは平気で魚をつりあげ、けものを殺しているが、その魚やけものは亡き愛児の、あるいは父や母の生れかわりかもしれないのである。

ヘロドトスによれば、ギリシアの輪廻の思想は、エジプトのそれの輸入である（『歴史』二―一二三）。「さてエジプト人のいうところでは、地下界を支配するのはデメテル（＝イシス）とディオニュソス（＝オリシス）の二神であるという。また人間の霊魂は不滅で、肉体が亡びると、次々に生れてくる他の動物の体内に入って宿る、という説を最初に唱えたのもエジプト人である。魂は陸に棲むもの、海に棲むもの、そして空飛ぶもの、とあらゆる動物の体を一巡すると、ふたたびまた、生れくる人間の体内に入り、三千年で魂の一巡が終るという。ギリシア人の中には――人によって時代上の先後はあるが――この説を採り上げ、あたかも自説であるかのごとく唱道しているものが幾人もある。それらの者の名を私は知っているが、ここには記さない」

インドとギリシアで、ほぼ同時代に輪廻の思想が流行しだしたという事実は、われわれに驚きと迷いを感じさせる。二つの輪廻の思想のあいだに、借用関係はないのだろうか。ギリシア方の伝説に、かつてディオニュソスがインド遠征に赴いたという話がある。

これになんらかの信憑性があるならば、インドとギリシアは輪廻の思想に関して、まったく無関係とも考えられない。しかし、関係ありとした場合、どちらがどちらに影響したのかもまた難しい問題である。さらに、両者には直接の関係はなく、第三の国を介して間接の関係があるだけなのかもしれない。

ここで注意しておきたいことは、ギリシアにおいては輪廻するのは、実体としての霊魂であるが、仏教においてはそのような霊魂の存在が否定されているということである。ここで当然のことながら、ギリシア人の王メナンドロスは疑問をいだく。無我説は輪廻説と矛盾しないのかと。これに対して仏教僧ナーガセーナは灯火のたとえを出してくる。焔は刻々に変化している。決して晩の焔と夜更けの焔は同じではない。夜更けの焔は夜明けの焔と同じではない。これと同じように永続的な我なるものはない。しかし、それにもかかわらず、これは一つの灯火の焔である。この灯火に依存して、焔は刻々に異なるものでありながら、あたかも一つのもののようでもあるのである。晩の焔は現世のわれ、夜更けの焔は来世のわれであると（『ミリンダ王の問い』平凡社　東洋文庫参照）。

5章　西方浄土の思想

釈迦説法図繡帳〔奈良国立博物館〕

1　娑婆《しゃば》と極楽《ごくらく》

雑然たる集まりの娑婆

いままで述べてきた宇宙観は、主に『倶舎論』にもとづいたものである。この宇宙観を便宜的に「古典的宇宙観」と呼ぼう。仏教が教団的に最も安定したときに、完成した宇宙観という意味においてである。それに対し、これからのべる極楽と地獄（発展した地獄説）の思想は、教義として新しいものである。仏教が分裂しはじめてから現われた思想であって、特定の部派にしか存在しない。

今日われわれは、極楽と地獄を一対の思想として、極楽といえば地獄を、地獄といえば極楽を予想せずにはいない。しかし地獄に関して、あれほど詳しくのべた『倶舎論』は、極楽については一言もいっていない。地獄と極楽は、ひとが想像しがちのように、最初から対《つい》で考えだされたものではないのである。

極楽の説明をはじめるまえに、まず「娑婆《しゃば》世界」を説明しておこう。娑婆世界とは、われわれの住むこの世界をいい、シャカ出世の舞台になり、教化活動の対象となった世界である。しかし、その範囲に関してはいろいろ考えがある。一つは贍部洲《せんぶしゅう》とする考え、一つは四天下（すなわち、勝身、贍部、牛貨、俱盧）とする考え、一つは三千大千世界とする考えである。玄奘は三千大千世界を一仏の教化の対象とし索訶《さくか》世界と呼んでいる。

「娑婆」はSabhā（「雑然たる集まり」の意とされる）の音訳であり、「索訶」はSahā（「苦を耐え忍ぶところ」の意とされる）の音訳である。ともに同じものを指していっているのであるが、そもそもこの言葉の初めは、Sabhaya（「恐怖を有する国土」の意）であったらしい。どの呼び名にしても、この世を苦に満ちた煩悩の世界とすることに変りはない（もっともこの「娑婆」ですら、囚人にとっては自由なありがたい世界らしい）。

また、「娑婆世界」はシャカの出世したこの三千大千世界だけに適用される言葉――すなわち固有名詞――かもしれない。『放光般若経《ほうこうはんにゃきょう》』に「西方極遠に世界あり、沙訶と名づく。その仏を釈迦文《しゃかもん》と号す」といい、『阿弥陀経』に「釈迦牟尼《しゃかむに》仏はよく甚難希有《じんなんけう》のことをなし、よく娑婆国土の五濁悪世の……中において……」といっているからである。

極楽浄土はどこにあるか

つぎに「仏国土」を説明しよう。宇宙にはたくさんの仏がいて、それぞれ固有の国土を所有して、教化にあたっている。その国土は「仏土」とも「浄土」とも呼ばれる。その代表的なものは阿閦仏《あしゆくぶつ》の「妙喜国《みようきこく》」、薬師如来の「浄瑠璃世界」、阿弥陀仏の「極楽浄土」である。また仏土ではないが、仏土に似たものとして、弥勒菩薩の「兜率天《とそつてん》」(もともと六欲天の居所の一つであるが、仏となって出世するまえの菩薩の控えの場所でもある。かつてシャカがここから贍部洲へ降ったし、いままた将来の降下にそなえて、弥勒が控えている)や、観音菩薩の「補陀洛山《ふだらくせん》」(インドの南方海中にあるとされる)がある。娑婆世界はシャカムニ仏の「仏土」であるようだが、浄土ではなくて、むしろ穢土《えど》である。これらの浄土の中で、のちに断然有名になるのが極楽浄土である。

「仏土」は大乗仏教において、生れた概念である。『倶舎論』では、すでに説明したように、仏は三界から脱出して無に帰している。この完全に無に帰すること(「無余《むよ》涅槃《ねはん》」という)が、小乗仏教徒のめざす最高の境地である。彼らにとっては、仏がまた形を有し、仏国土にあって活動するということは考えられない。ところが、大乗仏教では、仏たちは仏国土の建設をめざして修行し、仏国土を建設しおえたなら、迷える衆生をそこに導きいれるために永遠に活動をつづける。

では極楽浄土はどこにあるのであろうか。三界の中にあるというのと、外にあるというのと、二つの説がある。このように意見が分かれているのには理由がある。三界は古典的宇宙観の説であるのに、仏国土はその宇宙観には説かれていなかったのだから。

しかし、娑婆からの極楽の距離および方角に関しては、「西方へ十万億仏国土をすぎたところ」という一致した見解がある。ここから「極楽浄土」の別名として「西方浄土」が生れてくる。極楽以外の浄土に対しても、はっきりした方角と距離が示されている。すなわち、「妙喜国」は東方へ千仏国土をすぎたところ、「浄瑠璃世界」は東方へ十恒河沙《ごうがしゃ》（ガンジス河の砂の数）の数の仏土をすぎたところ、シャカ（娑婆のシャカと同じ？）の浄土「無勝世界《むしょう》」は、西方へ四十二恒河沙の数の仏土をすぎたところにある。

では、極楽と娑婆の距離に関していわれている「十万億」というのはどういう数か。サンスクリット語の『無量寿経』には śata-sahasra-koṭi-nayuta とあり、サンスクリット語の『阿弥陀経』には śata-sahasra-koṭi と出ている。十万というのはこの śata-sahasra（100×1000）の部分に相当する。では億が koṭi-nayuta あるいは koṭi のいずれかに相当するのかというと、どちらでもないらしい。億は 100,000 であり（いまのように 100,000,000 ではなかった）、koṭi は 10,000,000、nayuta は 100,000,000,000 である。

仏教徒以外のインド人一般の習慣では、koṭi は 10,000,000、nayuta は 1,000,000 である。以上の数字をどう組みあわせても、インドの伝と中国の伝は一致しない。おそらく、当時、中国で常用されていた最高の数位名が億であったので（?）、「十万億」で最大の数字を意味したのではないだろうか。「仏国土」の広さもわからない以上、「十万億仏国土」は、要するに非常に大きな距離としかいえないわけである。

女性も男性に生れかわって

さて、それでは、極楽（Sukhāvatī）とはどのようなところであろうか。まず、その名の示すとおり、極めて楽しいところである。原語も「楽あるところ」の意であり、この世のような苦しみは一切ない。

しかし、それ以上に印象的なのは、その風景の美しさである。七重の欄楯《らんじゅん》、七重の羅《ら》網《もう》、七重の行樹《ごうじゅ》（並木）があり、四宝《しほう》（金、銀、瑠璃《るり》、玻瓈《はり》）で飾られている。また、七宝《しちほう》（金、銀、瑠璃、玻瓈、硨磲《しゃこ》、赤珠《しゃくしゅ》、碼瑙《めのう》）の池があって、八功《はちく》徳《どく》を備えた水をたたえている。池の底には金の沙が敷かれている。池の四辺に階道（回廊）があって、それは四宝をとりまぜてつくってある。階道の上に楼閣がある。これも七宝で飾られている。池の中に車輪のごとき大きさの蓮華が咲いている。

青色の蓮華は青色の光を放ち、黄色の蓮華は黄色の光を放ち、赤色の蓮華は赤色の光を放ち、白色の蓮華は白色の光を放っている。香りも馥郁《ふくいく》とただよってくる。天には楽の音がきこえ、朝も昼も夜も曼陀羅《まんだら》華《げ》の花が、はらはらと降ってきて、黄金の地面にそっとつもる。この浄土の衆生《しゅじょう》たちは、毎朝、衣の端にこの花をひろいあつめ、他の世界の十万億の仏のところへ行って供養《くよう》し、食事どきに自分の国土へ帰って、食事し、経行《きんひん》する。

また、白鵠《びゃつこう》、孔雀《くじゃく》、鸚鵡《おうむ》、舎利《しゃり》、迦陵頻伽《かりようびんが》、共命《ぐみょう》などという種々の鳥がいて、朝、昼、夜と、美しい声でさえずっている。その声は仏の教えを伝える声となり、衆生はこの声をきいて、仏を思い、法を思い、僧を思う。また、微風が吹いてくると、四宝でできた並木や羅網がさらさらと音を出して、それはそれは美しい交響曲のようである。

そして、この国には阿弥陀仏と阿弥陀仏につかえる観音《かんのん》・勢至《せいし》の二菩薩がおり、そのもとに、信心によってそこに生れかわった有徳《うとく》のひとたちがいる。しかし、それらはみな男性である。前の世で信心のあつかった女性もここに生れかわっているのだが、彼女らは男の姿にかわってしまっているのである。すなわち、女性というのは劣悪で不幸な性であるので、極楽ではすべてが幸せでなければならぬという見地から、女性は男性に変えられるのである。

だから——とシャカはいう——みなこの国に生れようと願をたてなさい。そこでは有徳のひとたちと一緒になれるのですよ。だが、その国に生れるのには、わずかな善行では足りない。阿弥陀仏の名を念じ、一日、二日、三日、四日、五日、六日、もしくは七日、一心不乱に努めるならば、その人が死ぬときに、阿弥陀仏はもろもろの聖者とともに、その人の前にやってきてくれる。その人は死に臨んで心みだれることなく、極楽浄土に迎えられるのである。

「自力」と「他力」の教え

一見してわかるように、極楽に対する考え方は感覚的であって、倫理的ではない。宇治平等院の蓮池や当麻寺《たいまでら》の蓮糸大曼荼羅に、極楽の美しさをしのんだ平安時代の貴族たちは、このような極楽にも何ひとつ不満を抱かなかったにちがいない。しかし、現代人で宗教を求めるひとたちは、この極楽の描写に物足りなさを感じるかもしれない。また女性のいないことに失望するひともいるかもしれない。しかし、この極楽のためにひとこと弁ずれば、物質のよろこびもまたよいものであって、精神だけの世界は不健康で耐えがたいものである。女性の不在に関していえば、僧侶は女性を快楽の対象としたのではなく、女性の立場から女性の幸せを願ったために、このような考え方しかしなかったのだ、ということになる。

極楽の思想は、物質的楽土観が中核となって始まったにはちがいないが、早くから高度な宗教的観念とも結びついていた。それは仏による救済の思想であって、極楽の主である阿弥陀仏が、阿弥陀仏を念ずるものを救うという教えである。古典的な仏教は、自己の解脱は自己の努力によって得るしかないと教えていた（「自力《じりき》」の教え）が、自己の努力に絶望したひとたちは、この新しい教え（「他力《たりき》」の教え）に走った。この思想もはじめは苦楽の観念に結びついていた。

極楽往生を願うのは、苦から逃れるためであった。しかし、それはのちには善悪の観念と結びついた。極楽へ生れようと願うのは、自己の悪に絶望するからである。わが国の親鸞の場合がそのよい例である。

このように、一神教的色彩といい、仏（神）による救いといい、苦楽によりも善悪に関心をもつ発想法といい、今日の浄土思想は、非常にキリスト教と似た点をもっている。数十年前、亀谷凌雲《かめがいりょううん》という浄土真宗のお坊さんは「真宗はキリスト教への道を用意するものだった」として、キリスト教に改宗してしまったくらいである。浄土思想二千年の歴史のあいだには、たしかにキリスト教の影響もあったことと思われる

（たとえば長安で）。

2　西方浄土の思想の起原

エデンは東方に、極楽は西方に

さて、このような「西方極楽浄土」の思想は、どのようにしてインドに生れたのか。いろいろな説がある。インド内部に起原があるという説、イランに起原があるという説、ユダヤ教に起原があるという説、等々である。最後の説は岩本裕《いわもとゆたか》氏の説で、これを紹介すると、「極楽」（「スカーヴァティー」）というのは、ユダヤ教の「エデンの園」からきているという。

「それでは、スカーヴァティーの名の起原は、どこに求められるであろうか。結論をさきにいうと、著者はスカーヴァティーとはユダヤ教やキリスト教に知られている「エデンの園」のエデンの訳語ないしはその名にヒントを得た構成であると考えている。エデンとはヘブライ語で「快楽」を意味するエーデンのアラム語形であるが、アラム語はヘブライ語と同じく西部セム語派に属し、『旧約聖書』は最初この言語で遍述された」

そして、このアラム語およびアラム文字は、ペルシアのアケメネス王朝において用いられ、そのアケメネス王朝の東の端にインドがあった。インド人はアラム文字の影響によるカローシュティー文字を所有し、またアショーカ王は、アラム語およびアラム文字をいくつかの碑文に使用した。アショーカ時代のインドにおいては、建築様式にもアケメネス朝文化の影響がみられる。したがって、「エデン」の語や観念が、インドに伝わった可能性は十分ある。

たんに伝達の可能性だけでなく、ユダヤの楽園と仏教の極楽には明確な共通性がある。「すなわち、両者ともに方位観の上に立っており、しかも沙漠のオアシスの象徴であると考えられる……」。「エデン」は東方に、「極楽」は西方にあるとされ、また「エデン」がアッシリア語の「沙漠」（エディヌ）と同語源であり、「極楽」もまた沙漠のオアシスの神話化した「無熱悩池」の拡大増補版だからである。

「アナヴァタプタは「無熱悩」という訳語が与えられている通り、明らかに沙漠のオアシスの神話化したものである。この池は、その岸が金・銀・瑠璃・水晶で飾られ、金沙（黄金の砂）が充ち溢れていて、波は清らかで鏡のように光り、清らかで冷い水をたたえているという。まさに、『無量寿経』に説かれる極楽は、アナヴァタプタ池の所伝の拡大増補版であり、描写の誇張であるともいえよう」

人は死してアメンテに生れる

ところで、私はこの「エデンの園」極楽起原説に対して、エジプトの「アメンテ」思想とギリシアの「エーリュシオン」の思想が、「極楽」の思想に結びつかないかと考えている。

周知のように、エジプトには古くから、人は死して amnt（「西方」）に生れるという思想があった。それは不死の国であり、幸せの土地、微風の吹く土地であった。次の文はハルムハビの墓のテクストの一部である。

左に及び右に三艘の大きな帆船がただ一列に並んで、ハルムハビとその妻の坐るゴンドラを綱で曳《ひ》く。右手は「オシリス・Ounnofri につき従うための、アビュドスへの平和の渡航である。――偉大なる主は汝たちとともにあり、西方に、西方に、正しきものの土地！　汝が愛せし場所は歎きつつ叫ぶ。汝を曳くものすべては、幸いをえて来たったのである。汝の従者は汝を抱く、おお、主の寵児《ちょうじ》のあいだに恙《つつが》なく赴く汝よ、〔また〕非とさるべき何ものをも持たぬ汝よ！　おおオシリス・ケントアメンティよ、かれ心地よき微風をもたんことを許されよ、かれ生けるものの国の讃《ほ》め祀《まつ》らるべき人の列にあらんことを許されよ、オシリス・ハルムハビよ！」（マスペロの仏語論

文より）

ここに出てくるオシリスという神は、死してよみがえる神である。ひとは死ぬと、オシリスとなってこの西方なる土地に蘇えるのである。末期ギリシアの歴史家プルタルコス（四六ごろ―一二〇以後）は、amnt（「西方」）を amenthēs として伝えている。この言葉はコプト語においては「アメンテ」（amnt）となって伝わっている。これは「アメンテ」の思想が、少なくとも二世紀ごろまで続いたことを示している。イエス・キリストが復活するという思想にも、このオシリスの信仰の影響が及んだ可能性がある。とすれば、西暦一、二世紀、オシリスの信仰は決して少なからざる影響力をもっていたことがわかる。

ちなみに、死者が西に行くという思想は太陽が西に没することと無関係ではないだろう。

春風が吹く「至福者の島」

エジプトの地を治めたプトレマイオス一世は、ギリシアの宗教とエジプトの宗教を融合して、アレクサンドリアに「サラペイオン」という神殿をつくり、サラピスという神を祀った。サラピスというのは、彼が神官たちに考案させた、まったく人工的な神であった。すなわち、ギリシア神話のゼウスと、エジプト神話のオシリスおよびアピスが習合された神であった。そして、サラピスはイシス（エジプトの女神）とハルポクラテス（エジプトの童神）と並んで、三位一坐をなした。西暦二世紀には、エジプトに四十二のサラピス寺院が存在し、アレクサンドリアのそれが最も重きをなした。ローマ帝国がのちにキリスト教化すると、キリスト教以外の宗教は迫害され、消滅する運命にさらされたが、三九〇年にはテオドシウス大帝が、アレクサンドリアにあったジュピター・セラピス大神像を破壊させた。

ところで、ギリシア神話の「地の涯のエーリュシオン」も、やはり西方にあるとされる。ギリシア神話には、「エーリュシオン」のほかに、これに似た観念として、「至福者の島《マカローン・ネーソイ》」や「ヘスペリデスの園」がある。ホメロスいわく、「そこ（エーリュシオン）は金髪のラダマンテュスが（治めて）いて、この上なく暮し易いところである。雪も降らず、冬の暴風も酷《ひど》からず、大雨もけっしてなく、常住オーケアノスが爽やかに吹く西の微風《ゼピュロス》の息吹を送り、人間どもの気を引き立たせる」（呉茂一著『ギリシア神話』新潮社より。以下同じ）

のち、ストラボーン（前六四―二一以後）は、この文章を引用したあとで、次のように書いている。「なんとなれば、ゼピュロスの清らかな空気とやさしい風は、ともにまさしくこの国に属するのだからである。というのも、この国は西にあるだけではなく、暖かいからでもある」

そして「至福者の島」も、春風が吹き、樹木に金色の花が咲く幸福の島である。「ヘスペリデスの園」も、西の方、太陽の没するところ、オーケアノス（極洋）の涯に位置し、黄金の実を結ぶ樹があり、ヘスペリデス（「黄昏《ヘスペロス》の娘たち」）が、常に歌い舞っているのである。呉茂一《くれしげいち》氏によれば、ピンダロス（西紀前五二二―四四二）らの詩人では、時代の推移とともに、「至福者の島」ゆきの条件には、若干の倫理的な規準が加味されているという。

ギリシアとインドの共通性

ニルソンによると、この「エーリュシオン」の思想は、古い時代、エジプトからクレタ経由で、ギリシアに入ったものだという。だから、いま「エーリュシオン」の思想が、エジプトのアレクサンドリアへ行って、「アメンテ」の思想と合体したとしても、それはかつて親元を離れた娘が里がえりして母と一緒になったということにすぎないわけである。

このように、ヘレニズムという時代は、「西方」の思想を育て伝達するのに、恰好な時代であった。そして、ギリシア神話のほうには、この西方を極楽浄土として表わす、いくつかの特徴的な描写がある。いわく、雪も降らず、大雨もけっしてなく……。いわく、微風の吹く……。いわく、黄金の実を結ぶ樹……。いわく、ヘスペリデスが常に舞う……。ちなみに、パリのシャンゼリゼー（Champs-Élysées）というのは、「エーリュシオンの園」という意味である。

いま、『浄土三部経』の中から、右にあげたギリシア神話の描写に類似する文句を引用してみよう。

――舎利弗《しゃりほつ》よ、かの仏国土には微風吹動《みふうすいどう》し、もろもろの宝行樹《ほうぎょうじゅ》および宝羅網《ほうらもう》は、微妙の声を出す（阿弥陀経）。

――四時の春、秋、冬、夏なく、寒からず、熱からず、常に和らぎ調《ととの》い適す（『大無量寿経』）。

――その国土に、七宝のもろもろの樹、あまねく世界に満つ。金樹、銀樹、瑠璃樹、珊瑚樹、瑪瑙《めのう》樹、硨磲《しゃこ》樹なり。あるいは二宝、三宝ないし七宝の、うたたともに合《ごう》成《じょう》せるあり。（二宝のものとは）あるいは金樹に銀の葉、華、果なるものあり。あるいは銀樹に金の葉、華、果なるものあり。あるいは瑠璃樹に……（『大無量寿経』）。

「西方」と「極楽の描写」に関する、ギリシアとインドの発想法の類似性は、誰もが認めるだろう。そしてこの共通性がたんに偶然の現象とは思えないことは、次の事実によって明らかである。

クシャーナ王朝の中のギリシア愛好者

アフガニスタンの首都カブールの北方にあるベグラムは、昔のカピシであった。唐の玄奘も七世紀にここを訪れて、迦畢試《かびし》と書き記している。玄奘によれば、これはむかしインドの王の夏の都であった。その王というのはおそらくクシャーナ朝の王のことであろう。クシャーナ朝は、第一クシャーナ（西紀一世紀ごろ）と、第二クシャーナ（西紀二世紀ごろ）と、第三クシャーナ（西紀四世紀ごろ）とわけることができるが、第二クシャーナ朝に有名なカニシカ王がいる。仏典では彼は仏教の保護者として知られている。

クシャーナ朝は、中央アジア出身の王朝であって、自らはおそらく都市文明をもたなかったから、周囲の高度な文化を喜んでうけいれた。その周囲の文化とはインド文化、イラン文化、ギリシア・ローマ文化、漢文化である。このことは彼らの王号が、これら諸文明国の称号を無差別にとり入れたものであることによって明らかである。彼らの貨幣には同一の王に対して実に **rājatirāja**（統王）、**mahārāja**（大王）、**devaputra**

（天子）と三つの称号が、併記してあるのである。この三つの称号はそれぞれイラン系、インド系、中国系のものである。

カニシカ二世（有名なカニシカの子孫）は、このほかに kaisara（カイサル）をも用いたが、これは言うまでもなくローマ系である。ギリシア系の basileus（王）がないではないかという疑問も出よう。basileus はクシャーナ朝以前のバクトリア系ギリシア人の王たちや、そのギリシア人をたおしたサカ族や、パルチア族の王の貨幣には用いられていた。サカ族およびパルチア族のあとのクシャーナ族のときには、ギリシア語のこの称号はすたれたのかもしれないが、かれらクシャーナ族がサカ族やパルチア族と同じように「ギリシア愛好者」（philhellenē）であったことに間違いはない（この「ギリシア愛好者」という言葉はイランにあったパルチア王朝の王たちが自らを呼んだものである）。クシャーナ朝の貨幣も文字はギリシア文字であった。

「エデンの園」と仏教

ところで、このクシャーナ朝（それも恐らく第二クシャーナ朝）の都のあとと考えられるカピシから、今世紀初頭、フランスの学者たちがたくさんの物品をほりだしたのである。その品物の多くが、アレクサンドリア産のものらしい。そのおもなものは、プラスター製やブロンズ製のギリシアの神や若者の像、ほかにガラス製品である。神々の中にはシレノス、サテュロス、エロス、プシケー、ディオニュソス、マイナデス、アテナ、ヘラクレス、などがおり、英雄ユリシーズもおり、めずらしい神としてセラピス・ヘラクレスがいる。インドの製品としては象牙製のすかしぼりの飾り板が目をひく。中国のものとしては、漢時代の漆器がある。この発掘によって、クシャーナ朝がいかに多くのギリシア文化を、それもアレクサンドリアから受けいれていたかが分かる。

ことにセラピス・ヘラクレス像の出土は、「西方極楽浄土」の思想の起原に関連して注意をひく。これがセラピス・ヘラクレス像であることは、アメリカの考古学者ロウランドが次のようにいっているので間違いあるまい。

「この秘教的な像は、セラピスとヘラクレスの混合したものであることがすぐわかる。頭にはナイル河の豊穣の象徴として、オリーブの葉で飾られた冠をつけ、右手にはヘスペリデス園にだけなる、黄金のリンゴをのせているからである」

ロウランドはこのほかにもカピシ出土の一小像にエジプトの神ハルポクラテスを認め、ガラス杯の女性像を、女神イシスと推定している。なかでもハルポクラテスの像は、西パキスタンのタクシラからも出土している。これらの発見は、アレクサンドリアを中心に栄えたセラピス教が、インドにも影響を及ぼしえた証拠の一つとされえよう。

仏教側の資料の調査は、この事実に呼応するかのような結果を示してくれる。『大無量寿経』は西暦一四八年から二五八年のあいだに、知られるだけで、五回も中国語に翻訳されている。これはまさに第二クシャーナ王朝の時代である。そして、訳者も、パルチア、クシャーナ、サマルカンド、クチャなどの人であり、第二クシャーナ朝下に活躍した人々であると考えられる。

仏教の極楽思想において、「西方」の観念は、非常に重要なウエイトを占めている。もし仏教の極楽浄土の思想の起原を、エデンの園に求めるならば、「西方」の観念の導き出しえないことをどう考えたらよいだろうか。エデンの園については「エデンの東の方に園を設けて」、「エデンの園の東にケルビムとおのずから旋転する焔の剣を置きて」、「エデンの東なるノドの地」などという表現はあるが、西の観念に結びつく表現がない。

また、仏教の「極楽」は死と結びついている。そこは死者の赴くところである。エジプトの「アメンテ」も、ギリシアの「エーリュシオン」も同じである。しかるに、「エデンの園」はそこからアダムとイヴが追放されたところの地上の楽園であって、死の観念と直接に結びつかない。キリスト教では、善なる人間が死して赴くのは天国であって、エデンの園ではない。

6章　地獄はどう伝えられたか

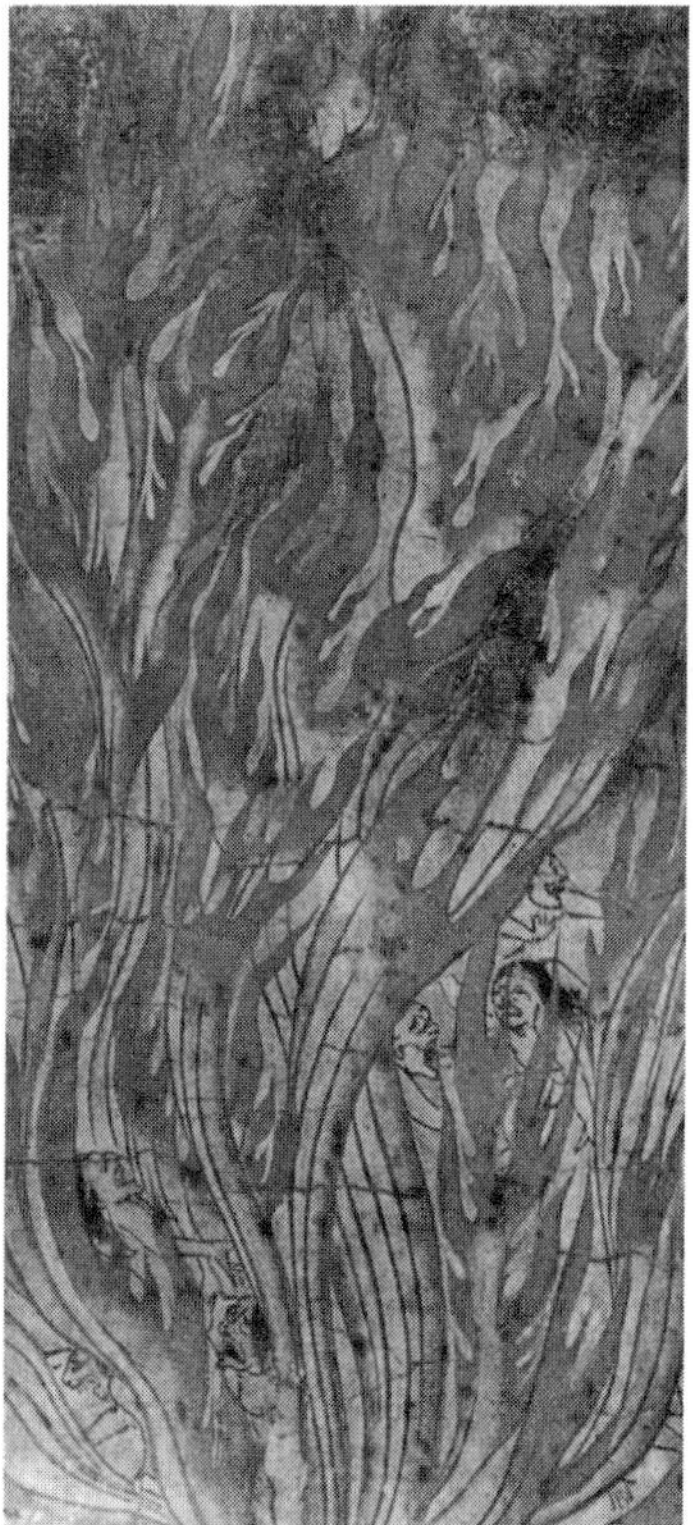

地獄草紙〔東京国立博物館〕

1　エンマの変身

『リグ・ヴェーダ』に描かれたエンマ

われわれは、エンマといえば、地獄の主《ぬし》だとばかり思っている。しかし、すでに見たように、『倶舎論』では、エンマ（yama、夜摩《やま》、閻摩《えんま》）の居所は、須弥山の上空にあった。その彼がどのようにして地下へおりるに至ったのか、――本節ではその過程を見ることにするが、それによって地獄にも発展の歴史があることが知られるだろう。

そもそもエンマは天の一つであって、夜摩天と呼ばれた。この段階のエンマは、だいたいヴェーダのエンマに対応する。すなわち、エンマとはこのバラモン教の神が、仏教に入ったものである。そこで、エンマがはじめどのような神であったのかを『リグ・ヴェーダ』によってみてみよう。

人間の始祖はヤマ（Yama）とヤミー（Yamī）であった。ヤマとヤミーは兄妹であった。ヤミーは子孫を得ようとして、ヤマを口説くがヤマはそれを人倫にもとるとして拒む。二人のあいだに激しいやりとりがあるが、その結末がどうなったのかは、聖典には明かにされていない。しかし、のちに人類が繁殖した事実によってみれば、ヤミーはついにその願望を遂げたものと思われる。

ヤマは最初の人間であり、従って最初の死者であった。彼が死者の道を開拓し、その後の死者たちはその道をとおって、彼のもとに赴いた。そこで彼が死者の王となった。このヤマの国は天にあって、どちらかといえば楽園と考えられていた。

仏教のエンマもバラモン教の伝統をひいて、天界に居所をもっている。ところが、『倶舎論』では、天界のエンマのほかに、餓鬼界のエンマがいる。この二つのエンマが同じものなのかどうか、はっきりしない。とにかく、『倶舎論』では、死者の赴く国はもはや天界にはなく、地下に移されている。これは火葬と土葬の違いに関係があるだろうか。火葬はアーリヤ人の風習だという説がある。そして、『リグ・ヴェーダ』はアーリヤ人の作品である。想像をたくましくすれば、アーリヤ人侵入以前の土着の風習は土葬であって、それがいまアーリヤ人の圧力をしりぞけて頭をもたげてきたのだと考えたくなる。

餓鬼界に移った死者の国は、もはや楽土どころではなく、大部分の死者が苦しみをうける陰惨な場所になる。ヴェーダ時代にも不幸な亡者はいた。ヴェーダでは、亡き先祖の魂は、「祖霊《それい》」(pitṛ, pitar, 元来の意味は「父」、ラテン語の pater に相当する)と呼ばれた。子孫にとって、祖霊を祀るのは重要な務めであった。ところが、嗣子《しし》なくして死んだひとは、霊を祀ってもらうことができず、不幸な亡霊となった。だから、インド人にとって、嗣子をうることは非常に大事なことであった。中国の『礼記《らいき》』祭法の「庶人の廟なくして死するを鬼という」も同じ考えであろう。以上はヴェーダ時代のはなしである。『倶舎論』では、不幸な亡者になるのは自業自得である。

祖霊のインド語は **pitar**(pitā)、餓鬼は **preta** である。ただし、これらは雅語《サンスクリット》であって、俗語ではともに **peta** となる。だから、俗語では、祖霊が餓鬼になっても、また「祖霊の主」(pitṛ-pati)であるエンマが、餓鬼の主となっても少しもおかしくない。

地獄の審判者へと変わって

右のように、『倶舎論』では、エンマは餓鬼界にまではおりてきた。しかし、地獄まではおりていない。地獄に獄卒はいても、主はいないのである。ただし、エンマは地獄とまったく無関係ではない。羅刹《らせつ》に命じて衆生を地獄に投げおとさせるのはエンマなのである。

だが、やがて、餓鬼界の主はその下の地獄の主になっていった。エンマは二回も格下げ(?)される気の毒な存在である。しかし、その移動にも理由がないではない。

餓鬼界も地獄界も、ともに死者の生れかわる世界である。彼は死者のいるところには、必ず顔を出さねばならないのだろう。

ただし「死者の世界」というのは、われわれ現代人の表現である。輪廻を信ずる仏教徒にとっては、地獄も生の一種である。それは人間が生の一種であるのとまったく変りない。地獄は最後の居住地ではなく、一つの経過点なのである。そのような原初の考え方を忘れては、仏教の地獄についての正しい観念は得られないことになろう。

エンマが地獄の主になっていったのは、仏教の地獄思想に審判の思想が入りこんできた結果、その論理的要請によるのではないか。もともと仏教においては、地獄の苦は自業自得によるものであった。地獄そのものが有情《うじょう》の業によって成立し、獄卒さえ有情の業によって生れるものであった。そこには有情の業から独立した、絶対他者なる審判者は存在しなかった。ところが、審判の思想が仏教の地獄に結びつけられると、地獄に審判者がいないのは不都合ということになり、いつしか餓鬼界の主が、地獄の審判者に代用された。この新しいエンマ観にともなって、閻摩は閻魔と書かれるようになった。

エンマは、まだ天界にいるころ、二匹のまだらの犬をもっていた。この犬は亡者を無事に楽土へ導く役目を果していた。しかし、主人がたけだけしくなれば、家来もたけだけしくなるものらしい。この犬は（あるいはその子孫は）地獄でひとの手足をくいちぎるようになったのである（五二ページ参照）。

さて、この審判の思想がどこから来たものかというのが、また新しい研究テーマとなる。まず近くに、『アヴェスタ』の審判の思想がある。

「これらのことを御身にわたくしはお尋ねします、アフラよ、いったいいかなることが生起し、また到来するでしょうか、

いかなる債権が記入から義者に設定されるでしょうか、

またいかなる〔債権〕が、マズダーよ、不義者どもに〔設定されるでしょう〕か。それら〔の債権〕は、決算の行なわれるときは、どのようになるでしょうか」（伊《い》藤義教《とうぎきょう》訳『世界古典文学大系』筑摩書房）

審判の思想はギリシア神話にもある。審判者はミーノース、ハーデース等であるという。『オデュッセイア』によると、ミーノースは、

「黄金の笏《しゃく》を執って坐し、死者たちを裁き判決を与えている。亡者らは冥王の広大なる館《やかた》中に群がってあるいは坐し、あるいは立ったまま、王を取り巻き裁きを訊ねもとめていた」

また、ハーデースは「地の下にあらゆる人間を正し、その所業を板文に記してのこ

るくまなく検《しら》べ尋ねるのである」

ユダヤ教にも審判の思想があり、神が審判者になっている。

これらの中で仏教の審判者に一番ちかいのはどれであるかということになると難しいが、絵画的であるという点で、仏教の審判者とギリシア神話の審判者は共通性がある。どちらの審判者も笏をもち筆記用具を手にする姿が表わされているが、違いはそれが仏教では絵で、ギリシア神話では言葉でなされているというだけである。それに対して、ゾロアスター教は宗教美術をもたず、ユダヤ教は偶像否定の立場をとる。

しかし、絵画的であるか否かという点のみで、この問題を論ずることはできない。ほかに中国人の他界観も考慮せねばならない。種々の文化における類似の思想が、同時に仏教に影響を及ぼした可能性も考えねばならない。さらに、それら種々の文化がもつ類似の思想が、どこかに共通の起原をもつかもしれぬことも忘れてはならない――たとえば、エジプトの、死者の心臓を測る図などは暗示的である――。

2　三途《さんず》の川

地獄に通ずる川

たいていの日本人が、地獄といえば、まず三途の川を思いうかべるのではないだろうか。この川が日本で知られるようになったのは平安中期以後のようである。『大鏡』の「わたりがは」、『源平盛衰記』の「三途の川」や「みつせ川」、『太平記』の「三途の河」などが、文献に出る最も早い時期の「三途の川」である。

「三途の川」は、仏教のオーソドックスな観念ではない。『倶舎論』の地獄の説明のくだりには、三途の川はまったくでてこない。『倶舎論』以後のインドの仏教文献にもみえない。「三途の川」にあたるインド語もわかっていない。では三途の川の思想は、インド辺境もしくは中国あたりで、外部から仏教に入ったものだろうか。それともやはり、仏教の内部で時の経過とともに、自然に生みだされたものだろうか。

『倶舎論』にも、副地獄の一つとして、「烈河増《れつかぞう》」といわれるものが存在したことはすでにのべた。それは川または堀のような形をした地獄であり、そのインド名Vaitaraṇīは「渡る」の意を含んでいる。ではこの地獄が「渡り河」になり、「三途の川」になったのだろうか。
「烈河増」と「三途の川」とは次の諸点で異なる。第一、「烈河増」は地獄そのものであるのに対し、「三途の川」は地獄への入口である。第二、「烈河増」は「余分に刑害せられる処なるが故に『増』なりと言われる」（『倶舎論』）とか「地獄に閉じこめられてより後に、これらにおいて沈むが故に、増なりと言われる」（同）などという言明が付されており、本来の地獄に入ったあとで、次に入る地獄であることがわかる。これに対し、「三途の川」は地獄へ達するまえに通過する川である。第三、「烈河増」は各地獄に四つずつ、八地獄全体に対しては総計三十二も存在するのに対し、三途の川は一本しかない。

三途の川の起原として烈河増がだめならば、「三塗《さんと》」はどうだろうか。「三塗」は「三途の川」より古くから文献に現われている。漢訳『無量寿経』の「三塗苦難」や、漢訳『賢劫経』の「三塗五趣に溺る」のように。塗は途に通ずる。では、ほんとうに「三塗」が「三途の川」となるのだろうか。

そもそも「三塗」とはどういう意味か。「塗」の意味について唐代有数の学僧である玄応が次のようにのべている。「三塗というのは、俗書春秋に三塗危険の処あり、というのを借りて、名前をつくったのである。塗というのは道というのとほぼ同じである。塗炭《とたん》の意味ではない。サンスクリット本でいえば阿波那伽 《あはながてい》という。中国語に訳せば悪趣となる、云々」

この説明をみても、「三塗」はのちに川になるような要素をひとつももっていない。「塗炭《とたん》」は泥水と炭火のことであるが(「塗炭の苦しみ」というのは、水害や火災から受けるような甚しい苦しみの意であろう)、「三塗」の塗は、それではないという。

塗に相当するとされるインド語「阿波那伽低《あはながてい》」(āpanna-gati)すなわち「悪趣」の概念の中にも、川の存在はみとめられない。さきにあげた漢訳『無量寿経』の「三塗苦難」に該当するサンスクリット本の箇所には、「三塗」に相当するサンスクリット語がなく、川の描写もみあたらない。「三塗」とつづるとき、その意味は、(1)中国の峻険な山の名「三塗《さんと》」(洛陽の西南方にあり、伊水の北に位置する)、(2)地獄、餓鬼、畜生、(3)火塗《かず》(地獄)、血塗《けつず》(畜生)、刀塗《とうず》(餓鬼)のいずれかであるが、いずれの場合においても、「三塗」が「三途の川」に発展する十分な要素が欠けているようである。

「三途の川」の起原

こうして「烈河増」も「三塗」も「三途」の起原として疑わしいものとなる。けれども長い時間を考えれば「烈河増」が「三途の川」に発展しうる余地はあるのではないか、と考える人もいよう。たしかに、その余地はある。しかし、もし仏教の周辺に「三途の川」にいっそう近い思想が存在したら、それが仏教に入ったのではないかとする考えもあってよかろう。かりに「烈河増」や「三塗」が「三途の川」になったのだとしても、それはこの外部の思想に刺激を受けてのことであるかもしれない。

ところで、仏教の周辺に、そのような思想はあった。ギリシア神話とゾロアスター教聖典『アヴェスタ』の中にである。いま比較のために仏教文献から「三途の川」の描写をとりだしてみよう（書き下しは、『望月仏教大辞典』一六二一ページによる）。

「葬頭河の曲《ほとり》、初江の辺《あたり》において官庁あいつらなりて、所渡を承《う》く（渡ってくる者たちを迎える？）。まえの大河はすなわちこれ葬頭なり。渡さるる亡人を奈河津と名づく。渡るところに三あり、一は山水瀬、二は江深淵、三に有橋渡なり。官の前に大樹あり、衣領樹《えりようじゅ》と名づく。影に住める二鬼は一を奪衣婆《だつえば》と名づけ、二を懸衣翁《けんえおう》と名づく。婆鬼は盗業をいましめて両手の指を折り、翁鬼は無儀をにくんで頭と足を一ところにたたんでしまう。ついで、初開の男はその女人を負い、牛頭《ごず》（獄卒の一種）は鉄棒をもって二人の肩をはさみ、追って早瀬を渡し、ことごとく樹下に集める。婆鬼は衣を脱がせ、翁鬼は枝に懸ける。罪を低昂《ていこう》に顕わして後の王庁に送る」

これは『地蔵菩薩発心因縁十王経』の中に出ているものであるが、実はこの経は偽経とされ、中国でつくられたもの、あるいはそれさえ疑われて、日本でつくられたものとさえいわれている。実際、「三途の川」の起原を、仏教の文献の中で追究するのは、困難な仕事である。それはインドで仏教が衰えはじめ、仏教徒の創作活動が停滞したころから現われる思想だからである。

そこでギリシア神話のほうをみると、そこには地獄を流れる河としてステュクス、アケローン、コーキュートス、レーテー、ピュリプレゲトーンの五河がある。仏教の「三途の川」の「三」と、ギリシア神話の五河の「五」のくいちがいをどうするかと疑問に思うひとがいるかもしれないが、「三途の川」の「三」は川の数を示すのではなく、渡渉地点の数をいうのであり（川は一本しかない）、ギリシア神話の五河も、一ぺんにできあがったものではなく、また、ギリシア人も五という数に決してこだわってはいない。重要な点は、仏教の川もギリシア神話の川も「死者が地獄へ行くときまず渡る」という共通点をもつことである。

まだほかに共通点がある。川には番人または渡守りがいて、亡者は川を渡るときにこれらの人物と交渉するという点である。アケローンにはカローンという渡守りがいて、亡者からお金をとって川を渡してやるという。三途の川には奪衣婆《だつえば》と懸衣翁《けんえおう》という老人の男女の鬼がいて、奪衣婆は亡者の衣をはぎ、懸衣翁はその衣を木の枝にかける（枝のしなり方で罪の重さを測る?）。ギリシアでは死者の棺に（または口の中に）、小銭を入れる風習があったというが、日本でも「六道銭」を入れる風習があった。したがって、三途の川の思想の源泉として「アケローン」を可能性の一つに考えるのは不当ではないだろう。

ギリシア、イラン、中国からの影響

次に『アヴェスタ』をみてみよう。『アヴェスタ』によると、死者の魂は「霊界のヤザタたちの岸（haētu）」につくまえに、「チンワト橋」をわたることになっている。この「チンワト橋」は、右に引用した仏教文献の「有橋渡」を連想させる。ただし、『アヴェスタ』では、この橋をわたってヤザタたちの岸におもむくのは、義者たちの魂であり、三途の川のほうは悪人が渡るはなはだ陰鬱な場所である。

しかし、「有橋渡」は「山水瀬」や「江深淵」とちがって、少しも罰の意味を含まないから、やはり起原的には「チンワト橋」と関係があるのかもしれない。『十王讃歎鈔』には、これを「金銀七宝の橋なり、善人のみこれを渡るなり」としているくらいである。

ところで、右にあげた引用文をみると、「三途の川」は、はじめ「葬頭の川」と書かれたようである。「葬頭」はいかにも外国語の音訳漢字であるような印象を与える。まさか「頭を葬る」などというような意味を表わしたものではあるまい。一説に「三途」がさきにあり、「葬頭」はそれをもじったものというが、どうも信じがたい。というのは、三途を葬頭に書きかえる理由がわからないからである。それならいかなる外国語の音訳漢字なのかとなると、それもわからない。ギリシア神話のStyxや、『アヴェスタ』のhaētu（インド語ではsetu）を想起してみるが、Styxは音韻的に無理だし、setuも完全には一致しない。ただsetuは似ていないこともないが、文献であとづけることが難しい。

とにかく「三途の川」のアイデアは、ギリシアやイランに起原を求めることができそうである。だが、中国人の存在も忘れてはならない。ギリシアやイランの神話が、仏教に結びついたとしても、その舞台は中国かもしれないからである。

『地蔵菩薩発心因縁十王経』は蔵川《ぞうせん》という人の述《じゅつ》となっているが、この経の以前に、同じ蔵川の述になる『預修十王生七経《よしゅうじゅうおうしょうしちきょう》』がある。蔵川は唐の人とされている。この二経は「経」となっているが、それが本当なら、この二経はインドでつくられて、蔵川はそれを翻訳（述）したにすぎないことになるが、内容から判断すると、どうやらこの二経は、中国で偽造されたものらしい。その第一の理由として、「十王」の名が、秦広王、初江王、宋帝王、五官王、閻魔王、変成王、太山王、平等王、都市王、五道転輪王と、非常に中国的である事実があげられる。

さきほどのべた「六道銭」にしても、棺に小銭（一オペロン）を入れるギリシアの風習をまたずとも、中国にすでに「瘞銭《えいせん》」なるものが存在した。瘞銭も死者とともに棺に入れられたものであるが、この風習は漢魏以来存在し、唐のころからは、「紙銭《しせん》」（紙に銭の型をしるしたもの）にとってかわられるようになったという。そしてまた黄《こう》泉《せん》の思想もある。黄泉が死者の国として言及されるのは『左伝《さでん》』あたりからららしい。これは仏教が中国に流行するはるか以前のことである。他界観に関するこれらの中国的要素が、仏教の地獄の観念にどのような影響を与えたかも考えねばならない。ちなみに道教は、その地獄説を仏教からとり入れているそうである。

3　賽《さい》の河原《かわら》と地蔵菩薩

この世とあの世との境界線

「賽の河原」も、のちの仏教の産物である。この河原は地獄の入口あたりにあるのであろうが、「三途の川」との関係は、明かでない。「賽の河原」が「三途の川」の河原であるとはっきりのべた文献もないようである。

「さいの河原」の語源に関する諸説のうち最も有力なのは、京都の鴨川と桂川の合流点にあった庶民の葬送の地「佐比の里」に起原するという説である。この地が葬送の地であったことは平安初期の『類聚三代格《るいじゆうさんだいきやく》』や『三代実録』に記されている。そして、そこには死者の供養のための小石の塔もつまれたという。「佐比」の意味は不明だが（もしかすると、銹、渋の意か）、これはのちに「塞の神《さへ》」と結びつけて考えられるようになった。塞の神、つまり道祖神は悪鬼の侵入を防ぐ神である。交通の要所には彼のための祠や小石の堆積がおかれている。旅人が一つずつ積むという、チベットの峠の小石の塚も同じ意味をもつものであろう。そして、われわれの「さいの河原」も生者の世界と死者の世界を分かつ交通の要所なのである。

さて「賽の河原」は、子供が獄卒にさいなまれるところとして名高い。子供がどんな罪を犯したのかといぶかる人もいようが、その理由として、子供は母に対しその胎内にいるときから、種々の苦痛や苦労を与えてきたのに、恩返しもせずに死んでしまい、そしてまた死ぬことによって父母になげきをかけるからといわれている。それは罪ではない、と反論する人もいよう。当の子供の両親がまずそう叫ぶであろう、恩返しなどしなくてもいい、私たちがなげいているのはおまえが悪いからではない、と。

しかしそれは別としても、仏教ではたとえ子供であろうと、悟らぬ限り迷いの存在であることに変りはない。とすれば、やはり六道に輪廻し、地獄の責苦を受けなければならないのかもしれない。

幼くして死んだ子供たちが、賽の河原で受ける責苦は何かというと、おわりのない石積み作業である。三、四歳の子供たちが遠く親元をはなれ、獄卒たちにせめられて、小石を積みあげて塚をつくる。その塚はできあがろうとするとすぐこわされ、子供は再び石を積みはじめねばならない。

これはギリシア神話のシーシュポスの限りない石あげ作業の日本版である。シーシュポスも罪をおかして地下の牢獄タルタロスにおち、罰として坂道の上に巨石を押しあげる作業を行なう。その石は頂上にあがりそうになると転がりおちる。シーシュポスは、再びはじめからやりなおす。私は、賽の河原の石積みの物語は、ギリシア神話のこのシーシュポスの物語にヒントをえたものではないかとさえ考えることがある。

幼な子は泣く泣く石を運ぶなり

「賽の河原」という言葉には、切々たる悲しみの響きがある。それは『賽の河原和讃』の声がわれわれの耳の底に残っているからだろう。

「帰命頂礼《きみようちようらい》、世の中の、定めがたきは、無常なり。親にさきだつありさまに、諸事のあわれをとどめたり。一つや、二つや、三つや、四つ、十より内のおさな子が、母の乳房を離れては、佐比の河原に集まりて、昼の三時の間には、大石はこびて塚につく。夜の三時の間には、小石を拾いて塔をつむ。一重《ひとえ》積んでは父のため、二重《ふたえ》つんでは母のため、三重《みえ》つんでは西を向き、しきみほどなる手をあわせ、郷里兄弟わがためと。あら、いたわしや、幼な子は、泣く泣く石を運ぶなり。手足は石にすれただれ、指よりいずる血のしずく、身うちを朱《あけ》に染めなして、父上こいし、母こいしと、ただ父母のことばかり、いうてはそのままうち臥して、さも苦しげになげくなり。あら恐ろしや獄卒が、鏡照日のまなこにて、幼きものをにらみつけ、汝等みなが積む塔は、ゆがみがちにて見苦しし、かくては功徳になり難し。とくとくこれを積みなおし、成仏ねがえと叱りつつ、鉄のしもとを振りあげて、塔を残らずうちちらす。あらいたわしや、幼な子は、またうち伏して泣き叫び、」（中略）

「河原のうちに流れあり、娑婆にて嘆く父母の、一念とどきてかげうつれば、のうなつかしの父母や、飢を救いてたび給えと、乳房しとうてはいよれば、影はたちまち消えうせて、水はほのおと燃えあがり、その身をこがしてたおれつつ、たえ入ることは数しれず」

これは幼くして子を失った親にとって、なんと悲しいうただろう。愛する子供が自分の手も声も及ばぬところにいってしまったことだけで、もう耐えがたいのに、その子供がまた賽の河原で苦しみを受けているとは……。しかも親が胸を叩いて子供の運命を悲しめば、その音は子供のところへは修羅の音となってきこえ、父が熱き涙をながせば、その涙は熱湯となって子供にふりそそぎ、母の涙は氷になって子供のからだを閉じこめてしまうのである。罪をおかして子供のところへいってやれるなら、あえて罪をおかす親もいるだろう。だが、どんな罪をおかしたら、子供と同じところへ行けるものやら。そのような罪はますます自分と子供とを隔てるだけかもしれない。

地獄にいる仏＝地蔵菩薩

このような衆生の悲しみ苦しみを察して、何億劫という長い時間を、修行にうちこんで六道へやってきたのが、地蔵菩薩である。地蔵菩薩は、かつての法蔵比丘《ほうぞうびく》（阿弥陀仏の前身）の四十八願のような、たくさんの誓願をたて、衆生の救済者となることを決意した。彼が坊主あたまをしているのは沙門《しゃもん》のままの姿で急いで（？）六道にやってきたからである。

しかし――と疑問を抱く人もいるかもしれない――その六道から逃れるために念仏

があり、阿弥陀仏がいるのではないか、と。実際、阿弥陀仏がすでにいるのに、地蔵菩薩がまた出てくるのは蛇足のようにも思われる。だが、また別の考え方をすれば、地蔵菩薩には地蔵菩薩なりの存在理由がある。つまり、念仏も唱えられず、あるいはまたそれを知らず、六道を輪廻している衆生のために、地蔵菩薩が必要なのだ、と。

阿弥陀仏はわれわれが念仏を唱えるだけで救いとってくれるが、はるかかなた十万億仏土の西方にましましている。地蔵菩薩は自らこの贍部洲《せんぶしゆう》へやってきて、六道の衆生のあいだを回ってくれる。六道のうちでもとくに地獄界、それもとりわけ幼い子供たちの苦しむ「賽の河原」にやってくる。そして、子供たちの手をとって、あたかも和尚さんが寺の庭で子供たちと手まりするかのように、やさしく言葉をかけ、遊んでやるのである。これこそ「地獄で仏」の仏である。

しかし、阿弥陀仏と対比されるこのような存在理由は、始めから意図されたものではない。もともと、阿弥陀仏と地蔵菩薩は、異なる二系統の思想に属するのである。阿弥陀仏への信仰を説く『浄土三部経』の中では、地獄の描写はくわしくない。地獄という言葉が散説されるだけである。地蔵菩薩の名は一度もでてこない。その地蔵菩薩は阿弥陀信仰のそとの世界で、如来蔵《にょらいぞう》思想と同じ源泉から出てきたものらしい。如来蔵とは衆生のだれもが、その本性として如来たる性質をもつということを意味する言葉である。地蔵（Kṣiti-garbha）は「大地」（kṣiti）のごとき「貯蔵所」（garbha）の意で、あらゆる功徳を内蔵し、あらゆるものをそこから生み出す、偉大な人格を象徴したものであろう。

仏教は小乗・大乗をとわず慈悲の精神でつらぬかれている。そこで仏教は外部から審判者の思想が入りこむとすぐ、この凄絶な思想を、慈悲の精神でやわらげようと動きだす。すなわち、審判者エンマは実は地蔵菩薩の化身であるということになった。エンマは本当に怒っているのではない。それはなんとしてでも衆生を救わんがためであり、方便なのである。衆生によっては、地獄の厳しさを教えることが、輪廻から脱する気持を促がすことになるかもしれないというのである。「十王図《じゅうおうず》」をみると、前面に恐しい形相《ぎょうそう》で罪人を呵責《かしゃく》する審判者（十王）が描かれ、背後に地蔵菩薩がやさしい顔でひかえている。地蔵信仰は中国では隋唐以後に盛んになったようである。

中央アジアにあった地獄図

極楽や地獄はわれわれがこの世でみることのできない世界である。しかるに、日本の各地の山地には、弥陀《みだ》ヶ原とか地獄谷とかいう名の場所がある。これは主に山伏たちが山地をへめぐったときに、自らの修行のため、および民衆の教化のために、次々に名づけていったものだろう。
ところが今日、地獄や賽の河原は温泉地帯の遊び場になってしまっている。場所によってはそれらを眺めわたすあずまやさえ用意されている。そして面白いことに「西《さい》の河原」まで出現している（草津温泉所見）。「佐比の河原」の「さい」が鉄気《かなけ》や塞《さえぎ》るの意味ならば「賽の河原」の「賽《さい》」（「まつる」の意）はあて字である。その「賽の河原」はいままた「西の河原」になろうとしている。これはおそらく「西方浄土」に対する連想からきているのであろうが、地獄やその河原は西のほうにではなく贍部洲の下にあるのである。

ところで地獄は、中世の人間にとって――それが日本人であろうとヨーロッパ人であろうと――もっと現実的な存在であった。実際、一時期、遠く離れた日本とヨーロッパが、この点で非常に類似した世界観をもったことを考えると、奇異の感にうたれる。日本で平安時代から鎌倉時代にかけて、末法思想が普及し、地獄草紙や餓鬼草紙が描かれ、浄土往生が多くの人の願いになったのに対し、ヨーロッパでも、終末観の思想と関連して、ドイツやフランスの十二、三世紀のカテドラルに地獄図が表わされた。

二十世紀前半に、フランスの学者がアフガニスタンのハッダというところの仏教遺跡を発掘したところ、そこから出たスタッコ（石粉像）の魔衆《ましゅう》の顔つきが、彼らの国のカテドラルの魔物の顔つきによく似ていることに驚いた。時代からいえば、ハッダのほうがはるかに古い（四、五世紀）。彼らはここにキリスト教寺院の魔物の像の淵源をみると考えた。のちに、別の学者は、両者はともにローマ美術が、ローマ帝国の周辺に及んだ結果の産物であり、両者の類似性は間接的な関係によるものと考えた（ハッダの美術はグレコ・ローマン式である）。

ハッダのスタッコ像に、地獄の観念が結びついていたかどうかはわからない。しかし、のちに、これらの像が地獄の魔衆の表現と結びついたであろうことは十分考えられる。仏教の地獄図が、インドに存在していたかどうか私は知らないが、中央アジアに存在したことは遺跡からはっきりしている。そして、これが日本の地獄図につながることも確かである。こうして中世の日本とヨーロッパは、地獄図を通じて遠いながら無関係ではなかったことが知られるのである。

7章　仏教の宇宙観と現代

帝釈天（十二天屛風のうちの）〔京都・教王護国寺〕

1　実践的宇宙観から神話へ

人間は人生の苦をどう考えたか

以上、仏教宇宙観をその変遷とともに眺めてきた。仏教宇宙観は現代の科学的宇宙観と比べれば、自然的世界が人間の運命との関わりでのみ眺められている点で、宗教的実践的色彩をもち、また他の宗教、たとえばキリスト教の宇宙観に比べれば、宇宙の存在に神の手が加わっていず、したがって世界の苦は本質的なものであると考える点で厭世的色彩を帯びる。

しかし、このことについてはすでに多くのことがいわれてきたし、また読者も自分で仏教宇宙観を検討することによって、それぞれの結論をうるであろうから、ここではそれについてのべることはやめにして、仏教宇宙観の変遷について一言ふれてみたい。変遷といっても本書に表われたかぎりのそれで、決して専門的な見解を示そうとするものではない。

本書に表われた仏教宇宙観の変遷は、これを漠然と眺めるときは何の意味ももたないようにみえる。しかし、いまそれをある一つの視点、すなわち、ひとは人生の苦をいかに考えたかという問題にしぼって通観すると、それは着実にひとつの方向をさして変化していることが感じられる。つまり、ひとは次第に人生を苦と感じなくなったのであり、その必然的な結果として仏教宇宙観は、神話化の道をたどったのである。いまこの変遷を本書の構成に応じて三段階にわけて考える。

第一は本書の1章から4章までに相当する部分で、いわゆる古典的宇宙観の時代に対応する。それはシャカも含め五世紀のヴァスバンドゥにいたるまでの「小乗仏教徒」たちの段階である。

周知のように仏教は、その全思想を人生の苦を出発点として展開した。最も初期の重要な教義のひとつが、「苦集滅道」であったし、シャカが出家した理由も、老病死という人生の三大不幸を知ったためとされる（「四門出遊」の伝説）。一般の生存は輪廻として把えられ、「無明《むみょう》」（無知）のつづくかぎり、生存の苦しみもつづき、かくして「無明」を滅するための修行の実践が、ひとびとの最大の関心事になる。これらのことは本書4章の2、3、2章の3によくあらわれている。この段階では、「生＝苦」はひとびとの常識となっており、須弥山も贍部洲も迷妄的存在にすぎず、ひとは自分を苦のただ中にいると感じていた。だから、苦は自己の切実な問題として把えられ、苦から逃れようという衝動が、反射的にひとを修行にかりたてていた。

宗教の教説が神話化して

第二は本書の5章に相当する段階、すなわち極楽の思想の生れたときである。それは時代でいえば西紀一、二世紀のころで、大乗仏教の興隆期である。ここではひとびとにとって、苦はもうその苛酷さをいくぶん柔らげている。ひとはこの「苦に満ちた生」にすら快楽を見出し、執着するようになった。人生はひとを修行にかりたてるような反動的な力をもたず、かえってひとを自らのもとにひきとめる誘惑にみちた力となった。「流転せる苦悩の旧里はすてがたく」（親鸞）思うひとびとのために悟りの世界は延期された。この延期された世界が極楽である。

しかし、この極楽の描写にすら世俗的な楽しみがもちこまれ、数々の装飾が展開された。それは第一段階のひとびとが、あらゆる存在形式を悪とみなし、もっぱら「無」の状態を理想としたのとは非常に異なった精神を示している。

第三は6章に相当する段階で、地獄説の発展した時代である。発展したといっても、それは地獄に関して、新たな観念が生れたということであって、地獄の恐怖はむしろ薄れている。ここでは苦はもはや自己のものとしては把えられていない。苦は人類共通の運命として抽象化されて眺められ、修行の実践が欠落してくる。地獄の描写は神話的になり、文学的ローマン主義さえ感じられるようになる。それは人生を完全には苦と考えない、心の余裕が生みだした結果だろう。

以上が本書の宇宙論にうかがわれる、苦に対する考え方の変遷の三段階である。苦は次第に脅威であることをやめ、苦の恐怖のうえにくみたてられた仏教宇宙観は、徐々にその現実性を失っていった。それは最初は生きた思想であったが、やがて形骸化され、神話化されていった。ギリシアにおいては、すでに西紀前に古代の宗教の教説が、神話化の過程をたどりおえていたが、仏教の宇宙観も遅れながらそれと同じ道をたどったのである。

現代は苦の考え方の右のような傾向がさらに一歩を進めた状態であると考えられる。人生はもはや苦に満ちた世界どころか、人間が幸福を実現しうる場でさえある。苦さえ何か積極的な意義をもつものと考えられている。江戸時代に熊沢蕃山が、「憂きことのなほこのうへに積れかし限りある身の力ためさん」と詠ったが、ここにはもはや苦から逃れようとする仏教的な人間の姿はなく、敢然と苦に立ちむかう近代人の姿がある。

仏教的宇宙観は破産したのか

仏教の価値観が近代社会で逆転させられたのは、苦の問題に限ってではない。他の例をあげれば、次のようなものがある。「諦める」ことは、真理を「明める」ことであって、仏教では最高の宗教行為のひとつであったが、いまでは「諦める」ことは悪徳になっている。「我慢」は「われあり」との慢心で、排斥さるべきものであったのに、いまは親が子供に「我慢しなさい」という。真宗教徒が至上視する「他力本願」が、政治家のあいだでは常にしりぞけられていることは、誰でも知るとおりである。

このような傾向は、江戸時代からはっきりしてきた。おそらく、日本人の生活様式や社会制度に変化が生じたことと関連があるのだろう。西洋の科学の流入や、インドの実情の認識は、この傾向に拍車をかけ、仏教宇宙観の権威をますます低下せしめた。仏教宇宙観を宗教的真理として提示するならば、反撃をくうことはもはや必至であり、現に国学者たちのあいだからは厳しい批判がおこってきた。

たとえば、平田篤胤はオランダ人が召使として日本につれてきた、セイロン人をひきあいにして「天竺」の権威をひきずりおろし、「極楽」の信仰を大いに茶化した。彼は極楽に昼夜があるという阿弥陀経の説をひいて、それならやっぱり極楽も太陽と月の恵みをうけるこの大地内の存在らしいが、どうもそのようなものはない、もしかするとイ日本が素晴らしい国だからそれかもしれない、なにしろ地球は丸いのだからインドから西へ西へと歩いたら日本に出るだろうから、といっている。

また、極楽の蓮の花の上に長いあいだ坐っているうちには、あくびがでたり、この世に残っているひとの噂ばなしでくしゃみがでたりして、水の中に落ちるかもしれない、そのときの用意に泳ぎを習っておかなくてはならない、だがそれでも溺死した場合には、次に生れかわる先はどこだろう、と嘲弄している。

こうして仏教宇宙観は、実践的思想としてはその生命をとじたようにみえる。しかしこれは古代のすべての宗教宇宙観が、早晩たどらねばならぬ道であった。ひとびとの意識が発達し、ひとびとのあいだに知識が普及するにつれて、合理的精神がめざめ、それが長年威をふるった権威をくつがえすほどの力になった。それはむしろひとびとのためには、喜ばしいことであった。

だが、仏教宇宙観は一方では決して忘れられることはないだろう。これは現実が宗教的世界と渾然一体となった宇宙観であるからだ。壮大な体系と、微に入り細に渡った解説は仏教独特のものである。それは過去の精神的遺産であるとともに、いまなお現代人の空想力をかきたてる力をもっている。われわれに着られなくなったかみしものようなものであるが、同時に古代・中世人の精神世界にわれわれの心を馳せしめる魅力をもっている。それはちょうどギリシア神話が宗教としての存在意義を失ってもなお、世界のひとびとの心をつかんでいるのと同じである。

2 仏教の宇宙観が示すもの

現実の客観的認識から出発する

燃えつきて灰となったという仏教宇宙観の中にも、いくつかの新しい芽のふきだす可能性は残っている。

まず、輪廻の思想に目をむけてみよう。現代人の多くは、この思想を古いものとしてかえりみないが、考えてみれば現代にも立派に通用しうる思想ではないだろうか。みみずの死体が土に帰し、その成分は姿をかえて草となり、草はくわれて牛となり、その牛をひとがくう。ひとは土に帰って、ふたたびみみずとなる。また、たとえば、ある一つの窒素原子の移動する場所を追跡したら、ほんとうにゴーサーラのいうような百四十万六千六百の「生門」のあいだをへめぐるのが知られるかもしれない。

この思想をもっと身近かな場面で考えることもできる。多くのひとが生れ、多くのひとが死んでいく。先に生れたものたちが、怒り、愛し、憎み、結局なにひとつ心さだまらぬまま死んでいくときには、次のものが愛と憎しみにまみれた生活をはじめている。人生は迷いであり、人間は煩悩の存在である。「輪廻」はこのような無意味な生死のくりかえしを直観的に表現したものである。

しかし、人生を迷いと感ずるための何よりも手っとりばやい道は、自己の内面生活に気づくことだろう。成人するにつれて自己の中に醜く姿を現わしてくる偽善や悪。性こりもなく繰りかえされる自信と失意——それは失意のみがつづく場合より、もっと苦い思いを味わわせる。少年のころ共鳴した人生讃美の思想や人間の尊厳の謳歌は、彼から遠ざかっていく。彼は大いに自然や人生に感動することがあるが、それはもはや人生を輪廻と把える考えを斥けることはない。

右のようにのべてくると、多くの読者が輪廻の思想は生の尊厳を損う、陰鬱な思想と考えるかもしれない。無常の思想が支配した平安後期の日本の精神状況を考える人は、仏教は退嬰的な、有害な思想と信ずるかもしれない。しかし、仏教は飽くまでも現実の認識——たとえそれが期待に反するものであっても——から出発するのであって、愉快に生きようという功利主義によって、都合よい思想をつくりだそうとするものではないし、また輪廻の思想が、必ずしも弱々しい生きかたを結果するとは限らないのである。

「怠らず努めよ」という教え

輪廻的思想が日本で生みだした結果は、あくまでも可能的な結果のうちの一つにすぎないことを次にのべてみよう。そのために「厭世主義」と「虚無主義」という言葉を対比的に用いることにする。これらの言葉を明確に定義し、区別することは難しいが、一応、定義にしたがって、厭世主義を「この世を不完全なものとして斥ける考え」と解釈し、虚無主義を「すべては空しいとする考え」と解釈しておこう。つまり、厭世主義はあくまでも「この世」を不完全なものとみなす考えであって、すべてを否定するものではないということである。

この観点からいえば、インドの仏教はまちがいなく厭世主義である。それはこの世を輪廻的存在として否定する。しかし、一方には解脱という明確な目標をもっている。そして修行という確かな道のうえに足をつけている。輪廻と解脱――これはインドの仏教徒の人生観においてはともに欠かすことのできない車の両輪のごときものである。

シャカはその最後の言葉として、「もろもろの事象は過ぎ去るものである。努力して修行を完成しなさい」といった。「もろもろの事象は過ぎ去るものである」。だから「努力して修行を完成し」、この不完全な世界を超克しなければいけないのである。インドの仏教徒にとっては、厭世観は高い目標に向って進むための原動力であったのである。

ところが、この厭世的人生観が日本に入ると虚無主義の色彩を帯びてきた。奈良時代には外形的な影響力をしかもたなかったようにみえる仏教も、平安時代に入ると精神生活の中にまで入ってきた。そして、それは平安時代後半には「諸行無常」の言葉で象徴される、人生を悲しげな目つきでみる仏教となった。

なぜそうなったのか。それは先にあげたシャカの言葉の後半「怠らず努めよ」なるモットーを失ったから、すなわち、進むべき目標を見失ったからといえる。しかし、これでは恐らく答えになっていない。「怠らず努めよ」の精神がなぜ失われたのかが、答えられなければならないからである。

これは難しい問題であるが、そうなる原因の一つは、仏教自身のなかにあるようにみえる。それは大乗仏教の「空」の思想である。奈良時代には小乗仏教も栄えたが、平安時代には大乗仏教がそれを駆逐した。「空」の理論はしばしば小乗仏教の現世否定の態度を批判する立場をとった。だからそれは一見明るい人生観をもたらしそうにみえたが、実はこれがくせもので、一切の価値観を不確実ならしめるような麻痺的な作用をもっていた。これは人生否定の態度を弱めると同時に、修行への衝動をも弱めた。一切が良くもなし悪くもなしなのである。

虚無とは無縁の精神

仏教に内在する原因のほかには、仏教が世俗人たる貴族階級と結びつき、文学と結びついたという受けいれ側の条件が考えられないだろうか。仕事を忘れた貴族階級は、とかく現実生活から遊離した思考もしくは空想の世界にあそぶ傾向をもつ。余暇が心にすきをつくるが、そのすきをうめるために、彼らにできることは美的意識をもてあそび、その雰囲気におぼれることしかない。彼らには亡びゆくものさえなにか美しい。

またこの時代は、前節でふれた苦に対する考え方の三段階のうちの、第二番目の段階に相当する時代である。ひとは人生を不完全なものとする仏教の教えにしたがいながらも、一方では人生に美や快楽をみいだしている。西行法師の「花のもとにて春死なん」の和歌は、この傾向をよく表わしている。シャカ時代の力強い生きかたは、人生をいとおしむこのような気持の中で薄れてしまった。平安時代末期の世俗化した仏教は、こうして目標と道を、とくに道を失ったものといえよう〔その点では、鎌倉仏教(道元、親鸞、日蓮)は道を再認識したものといえる〕。

このように仏教的人生観は、もともと厭世主義であって虚無主義ではなかった。シャカの慈愛にみちた精神は、前者から発するものでこそあれ、決して後者から生ずるものではないだろう。私はこれまでしばしば仏教宇宙観を厭世的と表現してきたが、それは他方に解脱という高い目標のあることを予想してのことであった。この目標が見失われたとき、仏教は虚無観に堕する。

そして目標には道が伴わなければならない。禅でいえば目標は解脱で道は修行（坐禅）である。浄土思想でいえば、目標は救い（往生）で道は念仏である。道のないところ、目標はその現実的な意義を失ってしまう。

しかし、仏教にはこれ以外にも道がある。「平常心《びょうじょうしん》これ道《どう》」という禅の言葉を、私なりに解釈すれば、それは毎日の平凡な生活をも道としてしまうことを意味する。輪廻の流れから逃れようともがくのをやめ、流れに身をまかせてしまうこと、いいかえれば我執を捨ててしまうこと、これがかえって道になるというのである。この日常的人生は、以前のそれとはちがう。日常のなかに没入しながらも、心はどこかで高い価値あるものの存在を意識している。われわれが輪廻的生存に徹すればするほど、そのものはますます高く輝きをましてみえる。輪廻的生存に安心して、身をゆだねることができるのも、その高いものがあるゆえである。このような目標をもたぬ人には、この世がかけがえのない唯一の世界で、絶望はいたるところに待ちかまえている。しかし、そうでない人は、この世を余裕をもってみることができる。それは逆説的だが、この世を美しいと見る余裕さえ生みだすのである。この人生観は厭世的であるかもしれないが、虚無的ではない。

禅の実践を通じて

さて、輪廻の思想と対になった禅定も現代人に教えるものをもつ。すでにのべたように、仏教では多様の世界は迷いの世界であった。多様の世界は感官の活動の増大によって増大する。だから、解脱は感官の制御からはじめねばならない。禅定がそのための手段である。精神は次第に統一され、一なる世界が実現されていく。

このような禅の実践のなかから高度な哲学が生れてくる。それはときとして、西洋の哲学にもひけをとらぬ思想を展開してみせる。デカルトは「われ思う、故に、われあり」といった。これはすべての存在の実在性を疑っていって、ついに疑っている自分の存在だけは、疑えないと結論したときの彼の言葉である。しかし、仏教はさらにその先をいく。仏教でも存在の問題は心（または意識）の問題と結びつけられた。世界の存在は「われ」の中に還元される。しかし、「われあり」というのはまだ一つの限定された段階にすぎない。「われあり」とするそのものは誰なのか。

このようにさらに奥にある「われ」を訪ね、存在の根源を追求していくと、「識無辺処」、「無所有処」、「非想非非想処」と得られる概念も次第に高次のものとなっていく。そして、ついには言語を超越した段階にいきつくのである。

この哲学が誤解されやすいものであることを、篤胤の例でもって示そう。そもそも「非想非非想処」の教義は、アララ仙人がシャカに示したものであった。シャカはこの教義を批判した。そこで篤胤は仙人を弁護するため、誤解あるいは曲解にもとづく次のような議論をのべるのである。

「非想」は「悪事を想わぬこと」、「非非想」は「善事を想わぬではないこと、すなわち想うこと」、そして善を想い、悪を想わぬことが解脱である。したがってアララ仙人が「非想非非想処」の教義を唱えるのは正しい。シャカは自分の解脱のために、親や妻子を捨てるほどの悪人だから、腹をたてて仙人に難くせをつけているのであると。仏典における非想非非想の議論は、善悪を超えた次元でおこなわれていることはいうまでもない。

科学性とその現代的意味

以上は輪廻や解脱に関連して述べたものであるが、次に宇宙観そのものの現代的意義をみてみよう。

インド中心主義の宇宙観や地球内部の地獄の存在が、今日通用しないのは当然である。また前節でみたような篤胤の極楽批判もある。しかし、仏教の宇宙観をすべて現実の地理描写と解釈して、その欠陥を責めるのは必ずしもあたらない。仏教宇宙観は、ある程度象徴主義のうえに構成されていると考えられるからである。たとえば天界の配列を整然とした数字で示すのをみても、そのあまりの大胆な図式性のゆえに、作者が最初から象徴的手法を意図したことがうかがわれるのである。

なるほど作者は、その宇宙観を象徴であると説明したことはない。しかし、表現の大胆さの故に、仏教宇宙観は語るものにも聞くものにも、いうをまたずして象徴であることが理解されたのであろう。実際、そのようなものとして受けとれば、仏教宇宙観は古代においては第一級の世界観であり、一つの全体的な宇宙像・世界像をひとの脳裏にわかりやすく、鮮明にきざみこむのに適しているのである。この場合、個々の数字や形態は必ずしも現実に合わなくてかまわない。

このような前提のうえにたってみるとき、仏教の宇宙観は近代の科学的宇宙観と驚くほど似ていることがわかる。すでにみたように、仏教の宇宙観においては、世界は多数存在し、非常に長い時間をかけて生成、消滅をくりかえしている。そしてこれは未来永劫につづく。空間、時間に関する数字は等比級数的に大きくなり、宇宙に対する視野は極大と極微の方向に、ほとんど無限ともいうべきほどに拡がっている。もし彼らの表現からその図式性、独断性、神話性をとりさったら、それは近代科学でいう太陽系とか、銀河系とか、星雲とか、星雲の誕生とか、消滅とか、宇宙空間の塵状物質からの天体の誕生とか、何万光年、何億光年とかの概念に非常に似たものになる。二千年前の言語を現代語に翻訳したら、現代の宇宙観にほぼ遠からぬものができるのではないかとさえ思われる。

科学と宗教を統一した宇宙観

仏教の象徴的解釈は、地獄や極楽にも適用できる。すでにのべたように、人間界をつくるのも、地獄界をつくるのも、有情の業の力である。しかも、多くの場合、業は盲目的につくりだされ、業が業を生み、これらの業があつまって共業《ぐうごう》となって、ひとびとを予想もせぬ（あるいは予想したが抗しきれなかった）運命にひきずりこむ。われわれの住む日本がまたは地球がいつ地獄に転ずるかもわからないのである。「受験地獄」や「通勤地獄」は地獄の象徴的解釈の例だが、最近新聞でみた「カネミ油地獄」という名称はもはや象徴の域を超えているようである。

これと対比して仏教の極楽も、その真実性を回復してくる。極楽には花が咲き、鳥がうたい、せせらぎがあるという。われわれはこれを単純な考えとして軽視した。だが、われわれは、それらを失おうとしているいま、真にそのようなところこそ極楽であることを認識しはじめているのではないだろうか。

もうひとつ仏教宇宙観の示す可能性について触れたい。それは科学と宗教の統一の可能性のことである。科学と宗教の分裂が、問題とされてから久しい時がたっている。しかし、いまのところ解決の見通しはたっていないようである。それどころか、科学と宇宙は別の次元を扱うべきだという声さえある。それは主として宗教者の側から発せられる声のようであるが、科学の明かす真理に当惑した宗教者の自己保存のための弁のような印象をうけないでもない。

それなのに科学はこのような宗教の声に懐柔されて、人生の意義や幸福の問題を論ずることを、自らタブーとしてしまっているようである。だが、このような二つの相反する（少くとも統一できない）思想をもって、人は心からの安心をうることができるものだろうか。答えは否である。科学と宗教が別の次元を扱うべきだという考えは迷信である。ひとは信念をもって生きるためには統一あるただ一つの世界観をもたねばならない。

仏教宇宙観は科学と宗教を見事に結びつけた宇宙観である。仏教の宇宙観はたえず人間の苦と解脱とを考えていた。現代の宇宙観はしばしば人の幸福を忘れるが、仏教のそれはひとときとしてそれを忘れたことはなかった。なるほど仏教宇宙観の中の科学的な面は、科学の進歩によって古くなり、使いものにならなくなってしまった。

しかし、仏教宇宙観の中の科学はドグマではない。それはいつでも新しい知識にかえられうるものである。業や輪廻、苦や解脱、これら宗教的な面はまったく新しい科学とも両立しうるものである。将来どのような世界観が生れるかしらない。しかし、仏教宇宙観が存在した事実は科学と宗教を統一した新しい世界観の可能性を示すものである。

補注と訂正

『須弥山と極楽』を書いてから二十年たってしまった。その間、誤植や私自身の過ちがいつも気になっていたが、怠慢のために放置して今日に至ってしまった。今度、思い切って補注と訂正を施すことにした。大きな訂正箇所は一七・二六・一一三・一二一ページである。

補注1（一七ページ）「象耳」について

読者から「象耳」は「象鼻」の誤りではないかという指摘があった。Pradhan編のサンスクリット語原典によると、もとの言葉はvinitaka（異本ではvinataka）である。vinitakaという語は辞書にはない。vinatakaは「曲ったもの」を意味する。真諦訳『倶舎釈論』と玄奘訳『倶舎論』はいずれも音訳し、それぞれ「毘那多柯」、「毘那怛迦」としている。チベット訳ではrnam ḥdusであるが、これはvinatakaのチベット語への機械的な書き換えであり、したがって「曲ったもの」を意味する。漢字の意訳語としては、山口益・舟橋一哉『倶舎論の原典解明』（三六五ページ）に「象耳」があり、『望月仏教大辞典』（第三巻、二五一五上）に「象鼻」がある。

ヒンドゥー教に **vināyaka**、別名ガネーシャ（gaṇeśa）なる神がいる。この神は象の姿をしており、長い鼻と大きな耳をもっている。仏教の「象耳」もしくは「象鼻」は vinitaka（vinataka）が **vināyaka** と混同されて生れた訳語かもしれない。ただし、**vināyaka** や **gaṇeśa** の語義の中に「耳」か「鼻」かを決める手がかりはない。**vināyaka** は「リーダー」を意味し、**gaṇeśa** は「群れの主」を意味するだけだからである。語源を離れていえば、「馬耳」に対して「象鼻」とするほうが面白く、最も普通の象の呼び名（hastin「手をもつもの」）が鼻（手に似ている）に由来するので、「象鼻」のほうがよいかもしれないが、いまは「象耳」のままにしておく。

ところで、七山の名には特徴がある。「持双」（yugandhara）は「軛《くびき》を持つもの」を意味する。「持軸」（iṣādhāra）は「轅《ながえ》を持つもの」を意味する。「檐《えん》木」（khadiraka）は堅いので有名な樹木の名、「馬耳」（aśvakarṇa）は馬の耳の形をした葉をもつ樹木の名である。「尼民達羅」（nimindhara）は「輪枠（nemi）を持つもの」、「鉄囲山」（cakravāḍa）は「車輪（cakra）を持つもの」（vāḍa についてはヒンドゥー語 vālā 参照）を意味する。

すなわち、七山の名はほとんどが乗物、あるいはそれを作る材料かも知れない樹木に関係している。

一方、vinitaka に似た言葉に vinitaka（=vainitaka）があり、これは「輿《こし》」「駕籠《かご》」を意味する。七山の名に乗物と関係するものが多いことを考えると、問題の山の名は vinitaka であったかもしれない。これが当っていれば、この山は「御輿《みこし》山」と訳すのがよいだろう。

補注2（二六ページ）右まわりか左まわりかは不明
『婆沙論』によれば右まわりである。すなわちその巻五に「右遶池一帀」（大正蔵二七、七〇二下）とある。『倶舎論』は『婆沙論』のいわば要約版なので、やはり右まわりを考えていただろう。神聖な物を廻るときは右まわりするという仏教の考えにも一致する。よって第4図の河の回転方向を訂正した。

補注3（一一三ページ）「夜が長くなる」という表現について
『婆沙論』巻百三十六に次の記事がある。「羯栗底迦《カールティカ》月の白半第八日は昼夜それぞれ十五牟呼栗多《ムフールタ》。これより以後、昼減じ、夜増すことそれぞれ一臘縛《ラヴァ》。……吠舎佉の白

半第八日に至って、昼夜それぞれ十五。これより以後、夜減じ、昼増すことそれぞれ一臘縛」(大正蔵二七、七〇一下)

『婆沙論』の「羯栗底迦月の白半第八日」が秋分を意味していることは明らかである。そして、『婆沙論』の「昼減じ、夜増す」や「一臘縛(ずつ変化する)」という表現が『倶舎論』の「昼が短くなる」「夜が長くなる」「一臘縛ずつ短くなる」に対応していることも明らかである。したがって『倶舎論』の「夜が長くなる」という表現は秋分に関係する現象をいおうとしたものと考えられる。

ところが『婆沙論』の場合は「夜が長くなる」現象が始まるのが第八の月「羯栗底迦月」であるのに、『倶舎論』では第六の月「婆羅鉢陀月」である。この矛盾をどう考えるべきか。

ここで想起されるのは、歳差現象によって秋分点が約二千年で一カ月ずれてしまうということである。『婆沙論』は西暦二世紀ごろの論書であるから古い暦法を用いたかも知れない。『倶舎論』は西暦五世紀頃の論書であるから、当時登場した新しい暦法に従ったかも知れない。

インドでは西暦前一五〇〇年頃から続くヴェーダ聖典の暦法が長く影響を及ぼしていた。その暦法では第二の月「吠舎佉月」が春分の月であった。しかし、新しい暦法では第一の月「制呾羅月」が春分の月であった。二〇〇〇年の歳月のあいだに当然ながら一カ月の差が生じたのである。

実際、『倶舎論』は一年の月名を列挙するのに「制呾羅月」から始めている。これは『倶舎論』が新しい暦法に従おうとした証拠である。だが、それならば、新しい秋分の月としては第七の月「頞湿縛庾闍月」をあげるべきである。なぜ第六の月「婆羅鉢陀月」などをあげたのか。そもそも第六の月などは古い暦法でも新しい暦法でも、二分二至のどれにも当らないではないか。『倶舎論』の記述に誤りがあるのだろうか。「夜が長くなる」という表現はサンスクリット語で vardhate niśā である。「短くなる」は hīyate である。これらの表現には昼との長さを比較する意味合いはないようにも見える。単に「増える」「欠ける」を意味するようにもみえる。したがって、「夜が長くなる」という現象は夏至に関係する可能性もある。インドには半年を意味する言葉として「北行」（uttarāyana）と「南行」（dakṣiṇāyana）があるが、それぞれ冬至から夏至まで、夏至から冬至までを指すので、二至を基準にする時間説明はほかにあってもおかしくない。なお、『婆沙論』のインド語原典は発見されていない。

『大唐西域記』に示されている唐暦との対照にも問題がある。『日本天文学史』（二三ページ）によれば、「秋分を含む月は夏暦（＝唐暦）の八月」だというから、『大唐西域記』の対照表は一カ月ずれている。

以上の理由により、本文を若干修正し、旧図から「白9」「秋分9月23日」の語句を除き、唐暦に正しい月名を括弧つきで添えておいた。

補注4（一二一ページ）一大劫に一生滅をくりかえす初禅天界について

初禅天は大梵天、梵輔天、梵衆天からなる。この三天の寿命はそれぞれ一・五、一・〇、〇・五とされる（第11図参照）。単位は½大劫である。一大劫は八〇中劫であるから、½大劫は四〇中劫である。したがって、一・五、一・〇、〇・五はそれぞれ六〇、四〇、二〇中劫を意味する。これは次のことに対応する。大梵天の寿命は成劫、住劫、壊劫。梵輔天のそれは住劫、壊劫。梵衆天のそれは壊劫。

ちくま学芸文庫版へのあとがき

須弥山といい、極楽といい、いかにも古ぼけた概念のようにみえる。人類のいわば子供時代の思考の産物のようにみえる。まるで御伽噺のようだ。こんなものが現代人にとって何の意味があるか——と大方の人が思うであろう。

だが仏教の宇宙観は古くて新しいところがある。現代の宇宙観が見落としている重大な事実に気付かせるものがある。現代の宇宙観は、人間と宇宙は別個の存在であるという前提に立って成り立っており、疑うことがない。宇宙は人間が存在しなくても存在する、人間は宇宙が存在しなくても存在する、というのである。だから宇宙は石ころや水や光などだけからでも成り立つものだと考えて疑わない。

仏教の宇宙観は、人間と宇宙を切り離さない。宇宙あっての人間であり、人間あっての宇宙である。「宇宙あっての人間である」という言葉に異を唱えるひとはいないだろう。だが「人間あっての宇宙である」という言葉には異を唱えるひとがいるだろう。「なんだ、それは唯心論か、独我論か」と。

そうではない。ひとは、宇宙、宇宙、というが、それは結局、人間がその心に描くものだということである。むかしは天動説が常識であった。いまは地動説が常識である。現代人は前者は偽であり、後者が真であると考える。しかし天動観にしても地動観にしても、結局、人間の心の中にしかない。宇宙は人間がどんなふうに考えようと泰然自若としてあるがままにあるのである。

禅の本にこんな話がある。旗が風に翻っている。二人の若い僧が言い合っている。「旗が動いている」「いや、風が動いているのだ」。そこへ師の僧がやってきて言う。「旗動くにあらず。風動くにあらず。汝の心動くなり」。いまでいえば「天動くにあらず。地動くにあらず。汝の心動くなり」というところであろう。

天動説も地動説もどちらも誤りではない。単に天文現象を理解しやすくするほうの説をよしとするだけである。私が「人間あっての宇宙である」というのはそういう意味である。

私は「人間の心の中に宇宙がある」と言ったこともある。だがこの言葉は私が避けようとしたいと思っている誤解を生む。なぜならこの言葉自体が、人間と宇宙を別個の存在とすることになるからである。これでは宇宙は人間がいなくても存在し得るという考えを生んでしまう。

ひとは自分の死を次のように考えるであろう。「私が死んでも宇宙は存在し続ける」。自分の死を自分が消えた宇宙をイメージすることで理解する。これほどナンセンスなことはない。自分がいればこそ宇宙は存在する。したがって、自分がいない宇宙をイメージすることは意味がない。これが「人間の心の中に宇宙がある」と私がいう意味である。だがいま言ったようにこの言葉は矛盾を含んでいる。私があえてそう言ったことがあるのは、私の意図が、ひとびとが真と思って疑わない考えにショックを与えることだったからである。

このことは言葉の限界を示すものである。仏教はちゃんとそのことを弁えている。般若の思想、空の哲学がそれを示している。言葉に捉われるな、だが言葉を用いなければひとを真理に導くことが出来ない。だから用心して言葉を用いよ、という。私はこれについては『空と無我』（講談社現代新書）で論じた。

仏教の宇宙観では宇宙は人間の業と切り離すことはできない。人間の運命は宇宙とともにあり、宇宙の運命もまた人間とともにある。現代の科学的宇宙観から見ると、いかにも人間臭く感じられるだろう。現代の宇宙観では宇宙は人間から切り離すことができるものである。人間の心から独立した宇宙があるなら見せてほしい。それができると思うのは大きな錯覚である。そのことに気付かせるために仏教の宇宙観は役立つのである。

人間と宇宙（自然）は互いに影響し合っている。これは世間でも言うことである。だが世間の場合、人間と宇宙はあくまでも別個の存在であり、どちらか一方だけで存在し得るものである。仏教では両者は決して切り離せない。ここに仏教の宇宙観が単なる科学でなく、哲学たるゆえんがある。本書がそんな宇宙観があるという思いへ読者を誘う契機になれれば幸いである。

ちくま学芸文庫版の刊行に当たって第三章に「五輪塔とプラトンの多面体」に関する記事を加えた。

花園大学特別教授の佐々木閑先生から貴重な解説をお寄せいただいた。古く見える仏教思想に新たな息吹を吹き込んでおられる先生から解説を頂戴することは大変な光栄である。心から感謝申し上げる。

拙著に注目してくださった筑摩書房編集部の守屋佳奈子氏にもお礼申しあげる。講談社版の編集者であった守屋龍一氏と姓が同じだったのでお訊きしたら姓が同じなのは偶然だとのことである。縁は異なものである。

二〇二三年四月

定方晟

解説　「仏教の面白さ」を伝える名著

佐々木　閑

I

本書は大きく分けて四部構成になっている。第一部は、アビダルマ仏教の代表的作品である『倶舎論』の中で語られる仏教的宇宙観の紹介。アビダルマ仏教は現代日本においてはほとんど無視されているが、実際にはあらゆる仏教を語る際の基本となる哲学体系であり、第一部で定方晟博士は、その、今はもう忘れ去られている貴重な世界観を緻密に、そして驚くべき分かりやすさで語ってくれるのである。この第一部に関しては、のちほどあらためて詳しく解説する。

第二部は、浄土信仰の土台である極楽の考察。アビダルマの宇宙観が、大乗仏教発生以前の阿含経（シャカムニの教えを一番色濃く残している経典群）を元にして組み立てられたものであるのに対して、極楽浄土のイメージは、新たな仏教運動として現れて来た大乗仏教の中で生み出されたものである。同じ「仏教の宇宙観」とは言っても、宇宙の構造も、成立過程も、そしてそこで生きる生き物たちの状況も、アビダルマの宇宙観とはまったく異なっている。この極楽世界は、今でも浄土宗や浄土真宗などの宗派において盛んに説き広められており、多くの日本人にとってなじみのある宇宙観であるから、著者の定方博士があらためてここで紹介する必要はない。したがって第二部は、極楽の詳細な紹介ではなく、その極楽という新たな世界が、一体どこから生まれてきたのか、という歴史的考察が主になっている。ここは定方博士の面目躍如、地球的な広い視野で歴史的に仏教を見ていこうとする博士の魅力的な学問姿勢が明確に表れている。極楽の起源はどこにあるのか。ユダヤ教の「エデンの園」なのか、あるいはエジプトの「アメンテ」およびギリシャの「エーリュシオン」の思想から派生してきたものなのか、といったきわめてスケールの大きな仮説を、ギリシャやローマの資料までも駆使して検証していこうとする（定方博士は後者を支持）。是非の決着はともかく、知的興奮を呼び起こす内容である。

第三部は地獄の解説である。仏教学の世界においても、地獄のことはよく分かっていない。閻魔、三途の川、賽の河原や地蔵菩薩と言った、誰もが言葉では知っていながら、その本性も歴史もよく分かっていない事柄を取り上げ、『リグ・ヴェーダ』やゾロアスター教の聖典『アヴェスター』、ギリシャの『オデュッセイア』にまで触れながら、その起源や特質を突き詰めていく。この第一部から第三部まで、いずれも自在闊達に学問世界を遊歩する定方博士の「学ぶ喜び」が満ちあふれた快作である。

そして最後の第四部。ここは第三部までの華やかな仏教解説にくらべて、急に内容が思索的になり、定方博士の仏教に対する思いが、しっとりと柔らかく語られていく。仏教、特に日本の仏教が「空」の思想に偏向するあまり虚無主義的になっていることを嘆き、古代仏教が持つ科学性と現代性を強調し、最後は「仏教宇宙観が存在した事実は科学と宗教を統一した新しい世界観の可能性を示すものである」と締めくくる。第一部でスマートな研究者として颯爽と登場した定方博士が、この第四部では、胸中の熱い想いを真顔で語る仏教者へと変貌する。その変わり様がたまらなく魅力的なのである。

突然であるが、少しだけ私ごとを語らせてもらいたい。私は二十歳すぎるまで仏教にはまったく興味がなく、科学系の道をめざしていた。仏教などというものは、「むにゃむにゃ拝んで、良いことがありますようにと願うだけの、知性とは無縁の世界だ」と思い込んでいたのである。まだそんな風に愚かだった頃、京都の同じアパートで暮らしていた従兄弟が、「これ面白いよ。興味ないだろうけど」と言って見せてくれたのが本書『須弥山と極楽』だった。従兄弟は当時、龍谷大学の学生で、仏教学を学んでいたのだが、「今度、とても役に立つ画期的な本が出た」という仲間内の評判で早速買い求め、（おせっかいにも）仏教に何のありがたみも感じていない私にまで、従兄弟のよしみで勧めてくれたのである。

タイトルを見ても何のことかさっぱり分からない。「須弥山ってなんなんだ。どこにある山なんだ。それと極楽がどう関係するんだ」と愚かしい疑問を抱きながらも、従兄弟のよしみで少し読み出した。とたんに引き込まれ、従兄弟のよしみなどすっかり忘れて読みふけったのである。

それですぐ進路を変更して仏教学の道に入った、という訳ではないが、その後いろいろあって、気がつけば仏教学者になっていた。過去の愚かな自分を振り返って見る時、『須弥山と極楽』との出会いは、「仏教というのは本当は面白くてワクワクする世界なのだ」ということに気づいた最初の体験だったように思う。「仏教を学ぶことは喜びと興奮の連続だ」と感じながら学問の道を歩んできたが、その原点は『須弥山と極楽』の読書体験なのである。

今回、その敬愛する書物の解説を書かせてもらえることになった。私の人生を大きく後押ししていただいた定方晟博士のこの御本と、今また縁を結ぶことのできた不思議に心からの感謝の意を表したい。

そして、だからこそ、この四部構成の書物の、一番地味で目立たない第四部を強く推薦する。学者は皆、その内奥にそれぞれが、学問に対する独自の思いを持っている。それは普段の論文や研究書には現れてこないのだが、時として文面ににじみ出ることもある。本書の第四部はそういった定方博士の学者としての矜持《きょうじ》が感じられる小気味よい一節になっているのである。

第一部は驚異的に面白い。第二部は見晴らしの良さに心が躍る。第三部は緻密な考察に関心する。そして第四部では定方晟という学者の心意気が分かる。そういった構成の本書は、全体として「仏教の面白さ」をストレートに読者に伝えてくれる、希有《けう》な名著である。読者の方々には、それを存分に味わっていただきたい。

順序が逆になったが、最後に、第一部のアビダルマ仏教の宇宙観について解説しておく。アビダルマの奥深さに心惹かれる人が増えることを願っている。

Ⅱ

仏教は二千五百年という長い歴史を持つ宗教であるが、その間、様々な思想を生み出してきた。もちろん、すべての仏教思想のおおもとにはシャカムニ（お釈迦様）個人の悟りの体験があるのだが、それはあくまでシャカムニが弟子や信者たちを個別に指導した際の言行録として記録されているにすぎず、シャカムニが一つの完結した世界観として仏教を完成させたわけではない。シャカムニの時代に最も近い最古の仏教文献である「阿含経」(ニカーヤとも呼ばれる)を見ても、その内容は断片的であって、体系化された教義といったものは書かれていない。

創設以来二、三百年間、仏教はこういった膨大かつ断片的な教えをそのまま守りながら存続していたが、やがてそれを一つの体系としてまとめようという動きが起こってくる。その一番の理由は、仏教が地理的に広範囲に広がったことで、各地の仏教教団ごとに教えの解釈に違いが生じ、それが教団間対立を生み出したことにあると思われる。たとえシャカムニの言行録を共通の聖典として信奉していても、その断片的な文言をどう理解するかという点で、異なる見解を持つ複数のグループが生まれてくるのは自然な流れとも言えよう(それらのグループのことを仏教世界では「部派」と呼ぶ)。教えをめぐって部派どうしで対立が起これば、自分たちの考えの正統性を裏付けるための根拠が必要になってくる。そしてそのためには、「シャカムニの教えを、遺漏なく、かつ正確に語る聖典」が必要となってくる。こうしてシャカムニが亡くなって数百年後に、教えを総合的に語ることを目的とする新たな文献群が、部派単位で生み出された。それをジャンル名としてアビダルマと呼ぶ。

相互に対立する仏教部派が、それぞれの正統性を主張するために作成した文献群がアビダルマであるから、当然ながら部派毎に異なるアビダルマが作成されることになった。「仏教世界全体が承認する最高権威のアビダルマ」などというものはあり得ず、部派毎に個別に、「これこそがシャカムニの教えである」として、内容の異なるアビダルマ文献が作成されていったのである。

そういった複数系統のアビダルマのなかでも、日本などの東アジア仏教圏に最も強く影響を残したのが、もともと北西インド（ガンダーラ、カシュミール、マトゥラーといった地方）で勢力の強かった説一切有部《せついっさいうぶ》という名前の部派が作成したアビダルマである。北西インドで説一切有部の学僧たちが書いた、十本を超えるアビダルマの本は、その後シルクロードなどの流通路を通って中国へ伝わり、そこで漢文に翻訳された後、日本にまでもたらされた。飛鳥時代から奈良時代にかけての事である。それがその後の仏教界では、仏教を学ぶ者にとっての必須の教科書として重視されるようになり、大いに重用された。そしてそこに描かれている世界観が日本文化を形成するうえでの基礎情報として広く受容されていった。説一切有部のアビダルマこそが、日本人の仏教観の基盤なのである。

しかし現代においては、そのアビダルマを起源とする語句や慣習がポツポツと孤島のように日常生活の中に生き残っているばかりで、肝心のアビダルマはほとんど忘れ去られようとしている。帝釈天や梵天や四天王の名前は知っていても、その具体的な居場所や上下関係を知っている人は少ない。「輪廻」という言葉は普通に使っているのに、その本当の意味はよく分からない。「色即是空」という『般若心経』の文句には聞き覚えがあっても、その「色」とはなにかと聞かれても正しく答えられない、という具合に、アビダルマを知っていれば簡単に分かることもすっかり意味不明確となり、言葉や慣習だけが浮き草のように漂っているのである。

このような状況にあって、説一切有部のアビダルマを誰にでも分かるように、秩序立てて語ってくれる解説書の存在はきわめて貴重である。そして本書、定方晟博士の『須弥山と極楽』の第一部は、まさにそういった、貴重なアビダルマ解説書の白眉とも言うべきものである。「類書がない」という評価は、研究者にとって最高の褒め言葉だと思っているが、『須弥山と極楽』には類書がない。アビダルマが語る宇宙の構造についてしっかり頭に入れたいと望む人は、まずこの本を読むべきであり、そして繰り返し読み返すべきなのである。

（ささき・しずか　仏教学／花園大学特別教授）

本書は一九七三年九月、講談社より講談社現代新書として刊行された。

ちくま学芸文庫

須弥山《しゅみせん》と極楽《ごくらく》——仏教《ぶっきょう》の宇宙観《うちゅうかん》

二〇二三年七月十日　第一刷発行

著　者　定方晟（さだかた・あきら）
発行者　喜入冬子
発行所　株式会社　筑摩書房
　東京都台東区蔵前二―五―三　〒一一一―八七五五
　電話番号　〇三―五六八七―二六〇一（代表）
装幀者　安野光雅
印刷所　株式会社精興社
製本所　加藤製本株式会社

ISBN978-4-480-51196-6 C0139